Le Compagnon du Petit Prince

CAHIER D'EXERCICES SUR LE TEXTE DE SAINT-EXUPÉRY

Le Compagnon du Petit Prince

CAHIER D'EXERCICES SUR LE TEXTE DE SAINT-EXUPÉRY

Jane Denizot Davies

HEINLE
CENGAGE Learning

Australia • Brazil • Japan • Korea • Mexico • Singapore • Spain • United Kingdom • United States

**Le Compagnon de Petit Prince
Cahier d'Exercices sur le text de
Saint-Exupéry**
Jane Denizot Davies

For product information and technology assistance, contact us at
Cengage Learning Academic Resource Center, 1-800-423-0563

For permission to use material from this text or product,
submit all requests online at **www.cengage.com/permissions.**
Further permissions questions can be e-mailed to
permissionrequest@cengage.com.

ISBN-13: 978-0-15-550448-6

ISBN-10: 0-15-550448-7

Heinle
20 Channel Center St.
Boston, MA 02210
USA

For your course and learning solutions, visit **www.cengage.com.**

Purchase any of our products at your local college store
Or at our preferred online store **www.ichapters.com.**

Printed in the United States of America
19 20 21 22 23 13 12 11 10 09

Préface

Comment faire la transition entre le langage élémentaire des débutants et la vraie langue, celle des Français et de leurs écrivains? Tous les professeurs connaissent ce passage difficile. On peut le retarder par des histoires simplifiées, des textes arrangés, des extraits choisis pour leur clarté. Mais un jour ou l'autre, il faut se mettre à une œuvre littéraire complète. Pourquoi ne pas le faire très tôt quand, avec *Le Petit Prince,* nous avons un texte accessible, une prose élégante et classique et surtout une merveilleuse histoire où le mythe et la poésie parlent à tous?

Ce cahier d'exercices permet de continuer l'étude du français en français, tout en lisant *Le Petit Prince.* Il ne s'agit pas d'arriver très vite à la fin du livre mais d'apprendre *dans le texte* vocabulaire, expressions idiomatiques, verbes, de façon à pouvoir lire aisément un chapitre à la fin du cours, alors qu'au début du semestre une demi-page semble une tâche ardue.

L'étude du vocabulaire, au début du livre, précède les exercices et, avec avantage, la lecture de chaque chapitre. Les mots sont définis par un synonyme (=), par un antonyme (≠), ou par une explication très simple (:), utilisant un vocabulaire élémentaire ou apparenté à l'anglais, de façon à ce que la compréhension soit instantanée. Quelques assez rares mots concrets sont cependant traduits en anglais. Chaque chapitre a un exercice de substitution sur les mots du chapitre et un deuxième exercice de vocabulaire—expressions idiomatiques, familles de mots, études de suffixes et de préfixes—qui devrait faciliter la compréhension au-delà du vocabulaire déjà acquis.

Les exercices de verbes sont nombreux et progressifs, d'abord sur les temps de l'indicatif, puis sur ceux de l'indicatif et du conditionnel. Il est recommandé d'enseigner brièvement les terminaisons du passé simple avant de commencer la lecture du livre. Estimant que les étudiants connaissent la classification des verbes en trois groupes, seuls les infinitifs terminés en *-ir* sont suivis de l'indication "2ème" ou "3ème groupe." Les conjugaisons de verbes irréguliers ne figurent pas dans ce cahier et les étudiants se reporteront à leur livre de grammaire avant de faire les exercices.

Chaque chapitre a un exercice de grammaire précédé de quelques exemples indiquant le travail à faire. Aucune explication livresque ne vaut d'ailleurs l'enseignement du professeur face à sa classe. Qu'on ne s'attende pas ici à la révision ou à l'étude de tous les points de grammaire. Dans le choix et l'ordre de ces difficultés, disons que, comme Saint-Exupéry, "nous avons été guidée par le sentiment de l'urgence."

Pour apprendre à écrire correctement, à respecter l'orthographe, à faire tous les accords nécessaires, rien n'égale les traditionnelles dictées, qui terminent souvent l'étude du chapitre. Celles du livret du maître ont été choisies parmi les passages particulièrement poétiques ou un peu difficiles. Les questions de chaque chapitre n'ont pas seulement pour but de vérifier la compréhension du texte; elles permettent déjà aux étudiants de construire des phrases complètes et correctes.

Quant à l'enseignement oral, il va de pair avec la compréhension et une certaine aisance à manier la langue écrite: lecture expressive à haute voix (de nombreux chapitres sont de véritables scènes de théâtre: les dialogues entre le petit prince et l'aviateur, les conversations avec la rose, les visites aux autres planètes et le développement de l'amitié avec le renard), correction en classe de certains exercices, questions avec leurs réponses. Finalement, on écoute avec émotion le disque* où la belle voix de Gérard Philipe interprète celle de Saint-Exupéry.

Je tiens ici à exprimer toute ma gratitude à William A. Pullin, de Heinle, Cengage Learning, pour ces bienveillantes critiques et ses excellentes suggestions, et à remercier Bettina L. Knapp, professeur au Graduate Center de C.U.N.Y. et à Hunter College, et Wilbrod R. Poulin, mon collègue, pour leur constant encouragement et leur assistance.

J.D.D.

*Le Petit Prince, GMS-DISC 7030

Table des matières

Vocabulaire

Harbrace Paperbound Library Edition	Harcourt Brace Jovanovich Clothbound Edition	Houghton Mifflin Educational Edition	

(page/ligne)

Chapitre 1

3/1	7/1	1/1	**lorsque** = quand
3/2	7/2	1/2	**une forêt vierge**: une forêt équatoriale variée, dense et non exploitée
3/3	7/2	1/2	**une histoire vécue** = une histoire vraie
3/4	7/3	1/3	**avaler**: manger ou boire rapidement [to gulp]
3/4	7/3	1/3	**un fauve**: un animal sauvage et féroce (lion, tigre)
3/5	7/3	1/4	**un dessin** = une image faite par un artiste
3/7	7/4	1/6	**une proie**: tout animal qu'un fauve attrape et mange
3/7	7/5	1/6	**mâcher**: manger en se servant des dents
3/8	7/5	1/7	**bouger** ≠ rester immobile
3/10	7/7	1/8	**réfléchir** (2ème groupe) = méditer
3/11	7/8	1/9	**réussir** (2ème groupe) = avoir du succès
			(réussir quelque chose: le faire avec succès)
			(la réussite = le succès)
3/12	7/8	1/9	**tracer**: indiquer (un dessin, une route, une ligne de conduite)
4/1	7/10	1/11	**un chef-d'oeuvre**: un travail superbe et important
4/1	7/10	1/11	**une grande personne** = un adulte
4/9	8/4	2/4	**afin que** = pour que
4/12	8/6	2/7	**conseiller** = recommander = suggérer
4/12	8/6	2/7	**laisser de côté** = abandonner
4/15	8/8	2/9	**le calcul** = l'arithmétique
4/16	8/8	2/10	**ainsi**: de cette manière
4/17	8/9	2/11	**une carrière** = une profession = un métier
4/18	8/10	2/11	**découragé** (adj.) = démoralisé
4/18	8/10	2/11	**un insuccès** ≠ une réussite
5/2	8/15	2/17	**voler**: 1. bouger ou se maintenir dans l'air avec des ailes (un oiseau vole, un avion vole)
			2. prendre quelque chose à quelqu'un secrètement ou par force
			(un aviateur: celui qui pilote un avion)
			(un voleur: celui qui prend les choses à un autre)

Harbrace Paperbound Library Edition	Harcourt Brace Jovanovich Clothbound Edition	Houghton Mifflin Educational Edition	
(page/ligne)			
5/4	8/16	2/18	**servir** (3ème groupe): être utile à ou aider
5 /5	8/16	2/19	**du premier coup d'oeil** = immédiatement
5/6	8/17	2/20	**égarer** = perdre
5/7	8/19	2/21	**des tas de** = beaucoup de
5/10	8/21	3/1	**améliorer**: rendre meilleur ou mieux
5/13	9/1	3/4	**faire expérience**: éprouver, vérifier les qualités
5/19	9/5	3/8	**se mettre à la portée**: se faire comprendre

Chapitre 2

5/24	9/9	3/12	**une panne**: un arrêt accidentel de machine (auto, avion, électricité, radio)
5/26	9/10	3/13	**casser** = briser (**cassé** (adj.): qui ne fonctionne plus; brisé)
6/4	9/13	3/16	**à peine** = peu = presque pas
6/8	9/15	3/19	**isolé** (adj.) = seul = séparé des autres hommes
6/8	9/15	3/20	**un naufrage**: la perte d'un bateau par accident de mer (**un naufragé**: un homme qui vit encore après un naufrage)
6/9	9/15	3/20	**un radeau**: une sorte de bateau plat et très simple, formé de morceaux de bois attachés ensemble
6/10	9/16	3/21	**le lever du jour** = le matin (quand le soleil se lève)
6/10	9/17	3/21	**une drôle de voix** = une voix étrange, bizarre (**une voix drôle** = une voix comique, amusante)
6/16	9/21	3/26	**sauter**: ici, faire un mouvement brusque du corps
6/17	9/21	3/26	**frapper**: donner un ou plusieurs coups
6/17	9/21	4/1	**la foudre**: la décharge électrique pendant un orage
6/17	10/1	4/1	**frotter les yeux**: faire des mouvements rapides de la main sur les yeux (en se réveillant, par exemple)
6/18	10/1	4/2	**un petit bonhomme** = un enfant (**un bonhomme**: un homme simple)
6/19	10/2	4/2	**considérer**: regarder attentivement
6/22	10/4	4/4	**bien sûr** = naturellement = évidemment
6/22	10/4	4/5	**ravissant** (adj.) = très joli
6/29	10/8	4/10	**l'étonnement** = la surprise = la stupéfaction
8/12	10/18	4/20	**impressionnant** (adj.) = imposant = étonnant
8/13	10/18	4/20	**oser**: avoir le courage de, la témérité de
8/19	10/23	4/26	**la mauvaise humeur**: la mauvaise disposition d'esprit
8/24	10/26	4/29	**refaire**: faire encore une fois
8/30	12/5	6/7	**encombrant** (adj.): qui occupe beaucoup de place
9/10	12/15	6/16	**un bélier**: un mouton mâle
9/10	12/15	6/17	**une corne**: organe dur et pointu que porte la tête d'un bélier [a horn]

Harbrace Paperbound Library Edition	Harcourt Brace Jovanovich Clothbound Edition	Houghton Mifflin Educational Edition	
(page/ligne)			
10/3	**12**/20	**6**/22	**faute de** = à défaut de = sans
10/3	**12**/20	**6**/22	**avoir hâte** = être impatient
			(**hâter** = dépêcher = presser = accélérer)
			(**se hâter** = se dépêcher = se presser)
10/4	**12**/21	**6**/23	**le démontage** ≠ l'assemblage (d'une machine, d'un moteur)
			(**monter** = assembler ≠ démonter)
10/5	**12**/21	**6**/24	**griffonner**: écrire ou dessiner à la hâte (vite) et mal
10/6	**12**/22	**6**/25	**lancer** = jeter avec force = dire vivement = s'exclamer
10/7	**12**/23	**6**/26	**une caisse**: une grande boîte en bois
10/9	**12**/24	**6**/29	**illuminer**: éclairer brusquement
10/12	**13**/1	**7**/3	**l'herbe**: les plantes que les moutons, les vaches et les lapins mangent [grass]
10/18	**13**/5	**7**/7	**pencher** = incliner
10/21	**13**/7	**7**/9	**faire la connaissance de**: rencontrer pour la première fois

Chapitre 3

Harbrace Paperbound Library Edition	Harcourt Brace Jovanovich Clothbound Edition	Houghton Mifflin Educational Edition	
11/1	**13**/8	**7**/10	**falloir** = être nécessaire
11/6	**13**/12	**7**/14	**apercevoir**: commencer à voir, voir brièvement, ou avec difficulté, ou de loin
11/8	**13**/14	**7**/16	**compliqué** (adj.) ≠ simple
11/13	**13**/18	**7**/21	**fier** (adj.) ≠ modeste
			(**la fierté** ≠ la modestie)
11/16	**13**/21	**7**/24	**fis-je** = dis-je
11/18	**14**/2	**7**/27	**un éclat de rire**: un rire brusque et bruyant
			(**un éclat**: un bruit soudain et violent)
11/19	**14**/2	**7**/27	**irriter** = mettre en colère
11/19	**14**/3	**8**/1	**prendre au sérieux** ≠ prendre à la légère
11/23	**14**/5	**8**/4	**entrevoir**: voir peu clairement
11/23	**14**/5	**8**/4	**une lueur** = une lumière faible
11/24	**14**/5	**8**/5	**interroger**: poser des questions
12/1	**14**/8	**8**/7	**hocher la tête**: ici, bouger la tête de droite à gauche (signe de désapprobation ou de doute)
12/5	**14**/11	**8**/11	**s'enfoncer** = se plonger = pénétrer
12/5	**14**/11	**8**/11	**une rêverie**: état d'esprit où on laisse aller son imagination [daydream]
			(**rêve**: [dream])
			(**rêver**: faire des rêves)
12/10	**14**/15	**8**/15	**s'efforcer** = faire tous ses efforts = s'appliquer
12/10	**14**/15	**8**/16	**en savoir plus long** = en savoir davantage
12/13	**14**/17	**8**/18	**emporter**: prendre avec soi et porter dans un autre endroit
12/21	**14**/22	**8**/23	**un piquet**: un bâton planté en terre [a stake]
12/24	**14**/25	**8**/26	**n'importe**: marque l'indifférence

Harbrace Paperbound Library Edition	Harcourt Brace Jovanovich Clothbound Edition	Houghton Mifflin Educational Edition	
(page/ligne)			
12/28	16/3	10/2	**droit devant lui**: marchant en ligne droite

Chapitre 4

14/11	16/10	10/11	**en dehors de** = en plus de = excepté
15/1	16/14	10/13	**une centaine**: approximativement cent
15/4	16/18	10/17	**découvrir** (3ème groupe) = détecter
15/12	17/9	11/8	**une découverte**: l'action de trouver ce qui n'est pas connu
15/14	17/11	11/11	**un costume** = un vêtement
16/2	17/14	11/13	**imposer** = ordonner
16/3	17/14	11/13	**la peine de mort**: la peine capitale (**la peine** = ici, la punition)
16/3	17/14	11/14	**s'habiller** = se vêtir (2ème groupe)
16/3	17/15	11/14	**à l'Européenne**: à la mode européenne
16/5	17/16	11/15	**un habit** = un vêtement = un costume
16/6	17/16	11/16	**un avis** = une opinion
16/10	17/19	11/19	**un chiffre** = un nombre
17/2	17/23	11/23	**un papillon**: un bel insecte aux grandes ailes multicolores
17/3	17/25	11/25	**peser**: mesurer un poids; ici, avoir un poids [to weigh]
17/8	18/3	12/2	**une colombe**: un pigeon (en poésie ou comme symbole)
17/8	18/3	12/2	**parvenir** (3ème groupe) = arriver = réussir
17/11	18/5	12/4	**s'écrier** = s'exclamer = lancer
17/16	18/8	12/9	**hausser**: rendre plus haut (**hausser les épaules**: faire un signe d'indifférence)
17/16	18/9	12/9	**traiter**: agir bien ou mal avec quelqu'un (**traiter de** = qualifier de = appeler)
17/19	18/10	12/11	**convaincre** = persuader
17/19	18/11	12/11	**laisser tranquille** ≠ importuner
17/21	18/12	12/13	**en vouloir à** (quelqu'un): avoir de la colère ou de la rancune (contre quelqu'un) ≠ pardonner, oublier une offense
17/22	18/13	12/14	**envers**: [toward]
17/25	18/14	12/16	**se moquer de**: prendre à la légère; considérer qu'une chose n'a pas d'importance ≠ prendre au sérieux
17/27	18/16	12/17	**un conte de fées**: un récit irréel avec des personnages enchantées (**une fée**: une femme imaginaire qui a un pouvoir magique)
18/5	18/21	12/23	**le chagrin** = la douleur = la peine = la tristesse = la désolation
18/5	18/21	12/23	**raconter**: dire (une histoire, par exemple)
18/13	18/26	12/29	**dur** (adj.) = ici, difficile

(page/ligne)

19/1	19/1	13/1	**une tentative** = un essai
			(**tenter** = essayer)
19/5	19/4	13/4	**un dessin va** = un dessin est acceptable
19/7	19/5	13/6	**la taille** = la hauteur
19/9	19/7	13/7	**tâtonner**: faire des essais avec hésitation, avec incertitude
19/10	19/7	13/8	**tant bien que mal** = comme ci comme ça
19/10	19/7	13/8	**se tromper**: faire des erreurs
19/14	19/10	13/11	**semblable** (adj.) = ressemblant = pareil = similaire
19/15	19/11	13/12	**à travers**: [through]
19/17	19/12	13/14	**vieillir** (2ème groupe) = devenir vieux

Chapitre 5

19/20	19/14	13/16	**au hasard des réflexions**: n'importe quand
19/23	19/16	13/19	**grâce à** = à cause de
20/2	19/18	13/22	**un arbuste**: un petit arbre
20/8	20/2	14/3	**par conséquent** = donc
20/13	20/5	14/6	**un troupeau**: un groupe d'animaux domestiques de même espèce
20/14	20/6	14/7	**le bout** = la fin = l'extrémité
			(**venir à bout de**: compléter un travail difficile ou triompher)
20/20	20/9	14/10	**la sagesse** ≠ la folie
20/26	20/13	14/14	**agir** (2ème groupe): faire quelque chose
			(**il s'agit de** = il est question de)
21/3	20/19	14/19	**la graine**: [seed]
21/6	20/23	14/22	**prendre fantaisie de**: avoir soudainement le désir de
21/7	20/24	14/23	**étirer** = étendre = allonger
21/9	21/1	14/26	**une brindille**: une très petite branche
22/3	21/3	15/1	**arracher**: sortir avec effort
22/7	21/6	15/1	**infester** = ravager = dévaster = ruiner
22/8	21/6	15/5	**s'y prendre** (bien ou mal): faire quelque chose (bien ou mal)
23/1	21/7	15/5	**se débarrasser de**: enlever ce qui est encombrant
23/2	21/8	15/6	**perforer** = percer = faire des trous dans
23/4	21/9	15/8	**éclater**: se briser ou se casser violemment
23/7	21/11	16/3	**faire la toilette de**: rendre propre
23/8	21/12	16/3	**s'astreindre à** = s'efforcer de = faire tous ses efforts pour
23/9	21/13	16/4	**dès que** = aussitôt que
23/12	21/14	16/6	**ennuyeux** (adj.) ≠ amusant
23/21	21/21	16/14	**négliger** = ne pas prendre soin de
23/23	21/23	16/16	**ne . . . guère** = . . . pas beaucoup

Chapitre 6

Chapitre 7

Vocabulaire

(page/ligne)

28/22	26/23	20/22	**laid** (adj.) ≠ beau
28/24	26/25	20/24	**faire honte à** = mortifier = humilier
28/24	26/25	25/24	**impitoyable** (adj.): sans pitié
28/26	26/26	20/25	**confondre** = mélanger (prendre une chose pour une autre)
28/27	27/1	20/26	**secouer**: agiter fortement et à plusieurs reprises
28/28	27/1	20/27	**doré** (adj.): de couleur d'or
29/1	27/2	20/28	**cramoisi** (adj.) = rouge
29/1	27/3	20/29	**respirer**: ici, sentir une odeur
29/6	27/6	21/5	**gonfler**: dilater
29/6	27/6	21/5	**l'orgueil** (m): une fierté excessive (**orgueilleux** (adj.): très fier)
29/8	27/7	21/6	**un champignon**: [a mushroom] ici, un être qui existe mais qui n'a pas de qualités humaines
29/14	27/11	21/12	**fabriquer** = faire
29/15	27/12	21/13	**quand même** = malgré cela
29/23	27/18	21/24	**nulle part** ≠ partout
29/24	27/19	21/26	**anéantir** (2ème groupe) = réduire à rien = détruire (**le néant** = rien)
29/25	27/20	21/28	**se rendre compte de** = réaliser = bien comprendre
29/28	27/21	22/1	**reprendre** = recommencer
30/6	27/26	22/6	**éteindre** ≠ allumer
30/9	28/2	22/8	**éclater en sanglots**: commencer brusquement à pleurer bruyamment (**un sanglot**: le bruit qu'on fait en pleurant)
31/1	28/3	22/9	**lâcher** = laisser tomber = abandonner
31/1	28/3	22/9	**un outil**: un instrument pour travailler (marteau, etc.)
31/5	28/7	22/13	**bercer**: mouvoir d'un côté à l'autre pour calmer ou faire dormir un bébé [to rock, soothe]
31/7	28/9	22/14	**une muselière**: un appareil sur le museau (le nez) d'un animal pour l'empêcher de faire mal avec les dents
31/8	28/11	22/15	**une armure**: un vêtement métallique (pour se protéger)
31/11	28/13	22/17	**atteindre** = toucher = rejoindre
31/12	28/15	22/18	**une larme**: l'eau qui sort des yeux quand on pleure

Chapitre 8

31/15	28/19	22/21	**orner** = décorer
31/16	29/1	22/21	**un rang**: une disposition de choses ou de personnes sur une même ligne
31/16	29/1	22/21	**tenir de la place** = être encombrant
31/17	29/1	22/22	**déranger** = troubler = déplacer (**ranger** = mettre en ordre)

Harbrace Paperbound Library Edition	Harcourt Brace Jovanovich Clothbound Edition	Houghton Mifflin Educational Edition	
(page/ligne)			
31/19		23/1	**germer**: commencer à se développer
31/21	29/4	23/2	**surveiller** = observer = suivre avec attention
31/23	29/6	23/4	**un genre** = une sorte
31/24	29/6	23/4	**cesser de** = s'arrêter de
31/24	29/6	23/4	**croître** = grandir (2ème groupe)
32/2	29/8	23/6	**un bouton**: une fleur sort d'un bouton
32/4	29/9	23/7	**n'en pas finir**: continuer sans fin
32/5	29/10	23/8	**à l'abri de** = protégé par
			(**abriter** = protéger)
32/7	29/11	23/10	**ajuster** = assembler = arranger
32/1	29/12	23/11	**fripé** (adj.): [crushed] ≠ net
33/1	29/12	23/11	**un coquelicot**: une fleur rouge des champs [a poppy]
33/2	29/13	23/12	**le rayonnement** = la splendeur
33/4	29/14	23/13	**durer** = continuer
33/8	29/17	23/16	**bâiller**: ouvrir la bouche involontairement quand on a envie de dormir
33/10	29/19	23/19	**décoiffer**: déranger les cheveux
33/12	29/20	23/21	**contenir** (3ème groupe) = garder ≠ révéler
33/17	29/24	23/26	**deviner** = savoir ou trouver par intuition
33/18	29/25	23/28	**émouvant** (adj.) = touchant
33/22	30/3	24/4	**confus** (adj.) = honteux = déconcerté
33/23	30/4	24/5	**arroser**: mettre de l'eau sur une plante
			(**un arrosoir**: on arrose avec un arrosoir)
33/25	30/7	24/9	**ombrageux** (adj.): facilement offensé
33/28	30/11	24/12	**une griffe**: l'ongle d'un tigre, d'un chat [a claw]
35/2	30/16	24/18	**craindre** = avoir peur de
35/1	30/16	24/18	**avoir horreur de** = détester
35/3	30/16	24/18	**un courant d'air** = un mouvement d'air
35/4	30/17	24/20	**un paravent**: un meuble qui protège du vent
36/2	30/24	24/27	**installer** = ici, arranger
36/4	30/25	25/1	**s'interrompre** = s'arrêter
36/6	31/3	25/3	**humilié** (adj.) = honteux
36/7	31/4	25/4	**le mensonge** ≠ la vérité
36/9	31/6	25/6	**mettre quelqu'un dans son tort** = montrer à quelqu'un qu'il n'a pas bien agi
36/12	31/9	25/10	**infliger**: donner ou appliquer la peine
36/21	31/15	25/17	**embaumer** = parfumer
36/22	31/16	25/17	**se réjouir de** (2ème groupe) ≠ s'attrister de
36/23	31/17	25/18	**agacer** = irriter = provoquer
			(**agaçant** = désagréable = irritant)
36/23	31/17	25/19	**attendrir** (2ème groupe) = émouvoir = toucher
37/1	31/21	25/24	**s'enfuir** (3ème groupe) = se sauver = partir vite

Vocabulaire

Harbrace Paperbound Library Edition	Harcourt Brace Jovanovich Clothbound Edition	Houghton Mifflin Educational Edition	
(page/ligne)			

Chapitre 9

38/1	32/1	26/1	**profiter** = tirer avantage
38/1	32/1	26/1	**une évasion**: ici, un départ
38/2	32/1	26/2	**un oiseau sauvage** ≠ un oiseau domestique
38/3	32/2	26/3	**ramoner**: nettoyer une cheminée
38/6	32/4	26/4	**commode** (adj.) = pratique
38/15	32/10	26/12	**causer** = occasionner = provoquer
38/15	32/11	26/12	**un ennui** = un souci = une inquiétude
38/17	32/13	26/14	**une pousse**: une jeune plante
38/19	32/14	26/15	**familier** (adj.) = habituel
40/3	32/20	26/22	**un rhume** = une petite grippe [a cold]
			(**être enrhumé** = avoir un rhume)
40/4	32/21	26/23	**sot** (adj.) = bête = stupide
			(**une bête** = un animal)
40/5	32/21	26/24	**tâcher** = essayer = s'efforcer
40/7	32/23	28/1	**déconcerter** = embarrasser
40/19	34/8	28/11	**supporter** = tolérer
40/20	34/8	28/11	**une chenille**: la larve des papillons [a caterpillar]
40/26	34/13	28/17	**traîner**: faire quelque chose lentement

Chapitre 10

41/4	34/19	28/23	**s'instruire**: apprendre
41/5	34/20	28/24	**un roi** = un monarque
41/6	34/20	28/24	**siéger**: être assis de façon importante sur un siège
41/6	34/21	29/1	**la pourpre**: couleur rouge vif
41/6	34/21	29/1	**l'hermine** (f.): une riche fourrure blanche
41/7	34/21	29/1	**le trône**: le siège de cérémonie d'un souverain
41/23	35/12	29/16	**l'étiquette** = le savoir-vivre
41/24	35/13	29/17	**interdire** = défendre
42/1	35/14	29/18	**empêcher** ≠ permettre
42/8	35/19	29/23	**intimider**: rendre timide, peureux
42/12	35/23	29/17	**bredouiller**: parler peu distinctement
42/18	36/1	30/3	**couramment** = facilement = rapidement
42/22	36/4	30/6	**s'enquérir** (3ème groupe) = demander = s'informer
42/25	36/6	31/1	**un pan**: partie flottante d'un vêtement [a flap]
44/5	37/2	31/3	**régner** = dominer
44/18	37/18	31/19	**le pouvoir** = la puissance
44/25	37/23	31/24	**s'enhardir** (2ème groupe): devenir plus audacieux, plus brave
			(**hardi** (adj.) = audacieux = brave)
44/25	37/23	31/25	**une grâce** = une faveur

Harbrace Paperbound Library Edition	Harcourt Brace Jovanovich Clothbound Edition	Houghton Mifflin Educational Edition	
(page/ligne)			
45/9	38/6	32/5	**reposer sur**: être fondé sur
46/9	39/1	32/28	**le royaume**: le domaine d'un roi
46/10	39/1	32/29	**un carrosse**: une voiture de grand luxe
46/18	39/7	33/6	**autrui** = les autres personnes
46/29	39/14	33/13	**grâcier** = pardonner
46/29	39/14	33/14	**économiser** ≠ dissiper
47/5	39/19	33/18	**achever** = finir
47/6	39/20	33/19	**peiner** = chagriner = faire de la peine à
47/8	39/21	33/20	**elle** = ici, votre Majesté (f.)
47/13	39/26	33/25	**un soupir**: une respiration bruyante (marquant l'émotion) (**soupirer**: respirer bruyamment)

Chapitres 11 et 12

47/21	40/6	34/1	**un vaniteux** (adj. et nom) = orgueilleux = prétentieux (**la vanité**: le désir de briller, d'être admiré ≠ la modestie) (**se vanter**: exalter son propre mérite)
48/5	40/15	34/10	**saluer**: faire un signe de civilité
48/6	40/17	34/13	**acclamer** = applaudir (2ème groupe) = battre des mains (**une acclamation** = un applaudissement)
48/13	41/3	34/26	**soulever** = lever = hausser
48/25	41/11	35/10	**une louange** = un compliment = une félicitation (**louer** = complimenter = féliciter)
50/9	42/10	36/11	**il s'en fut** = il s'en alla = il partit
50/13	42/13	36/14	**un buveur**: un homme qui aime boire (de l'alcool)
52/2	43/1	36/24	**plaindre**: avoir de la pitié pour, de la compassion pour (**une plainte** = une complainte = une lamentation)
52/3	43/2	37/1	**avouer** = confesser (**un aveu** = une confession)
52/6	43/3	37/4	**secourir** (3ème groupe) = aider

Chapitre 13

54/1	43/20	37/22	**une baliverne** = une sottise = une bêtise
54/10	44/6	38/7	**un hanneton**: [a June bug]
54/11	44/6	38/8	**répandre** = émettre = propager
54/11	44/7	38/8	**épouvantable** (adj.) = horrible (**l'épouvante** (f.) = l'horreur (f.))
54/14	44/9	38/10	**manquer de**: ne pas avoir de
54/15	44/9	38/11	**flâner**: aller sans but, en s'arrêtant souvent pour regarder; perdre son temps
54/23	45/4	39/6	**une mouche**: [a fly]
54/25	45/6	39/8	**une abeille**: un insecte utile qui donne le miel [a bee]

(page/ligne)			
54/27	45/7	39/9	**rêvasser**: perdre son temps en rêveries
54/27	45/7	39/10	**un fainéant** = un paresseux = celui qui ne fait rien
55/24	46/2	40/2	**un ivrogne**: celui qui a l'habitude de boire de l'alcool = un buveur
55/27	46/5	40/5	**riposter**: répondre vivement à une injure
55/27	46/5	40/5	**grincheux** = maussade = désagréable ≠ aimable
56/8	46/11	40/12	**faire breveter**: donner ou prendre une patente
56/10	46/12	40/13	**songer** = penser
56/14	46/14	40/15	**gérer** = administrer (**un gérant** = un administrateur)
56/18	46/18	40/18	**un foulard**: une pièce de soie ou de coton que l'on met autour du cou
56/20	46/20	40/20	**cueillir** (3ème groupe): détacher des fleurs ou des fruits
56/27	46/24	40/25	**un tiroir**: [a drawer]

Chapitre 14

57/18	47/14	41/12	**curieux** (adj.) = ici, bizarre = étrange
57/20	47/15	41/13	**loger** = ici, placer = mettre
57/20	47/15	41/14	**un réverbère**: une haute lampe pour éclairer la rue
59/6	48/1	41/21	**un sens** = ici, une raison = une signification
59/9	48/3	42/2	**endormir** (3ème groupe): faire dormir
59/12	48/5	42/4	**aborder** = approcher = arriver à
59/16	48/7	42/7	**la consigne** = les ordres = les instructions formelles
59/27	48/17	42/17	**éponger** = essuyer = sécher
59/28	48/17	42/17	**un carreau**: un dessin à quatre côtés = un petit carré
60/27	50/11	44/10	**un moyen**: ce qui sert pour parvenir à une fin = une façon
61/2	50/14	44/13	**fidèle** (adj.) = loyal
61/3	50/15	44/14	**poursuivre** = ici, continuer
61/5	50/16	44/16	**une enjambée**: un grand pas
61/10	50/20	44/19	**avancer** = ici, avantager
61/18	51/5	44/25	**mépriser** = dédaigner ≠ estimer
61/28	51/8	45/5	**regretter**: être triste ou mécontent de ne plus avoir ou de ne pas avoir quelque chose
61/28	51/9	45/6	**béni** (adj.) = heureux

Chapitre 15

62/8	51/15	45/13	**souffler** = ici, se reposer
63/2	52/8	46/7	**déçu** (adj.) = désappointé (**décevoir** = désappointer) (**une déception** = un désappointement = une désillusion)

Harbrace Paperbound Library Edition	Harcourt Brace Jovanovich Clothbound Edition	Houghton Mifflin Educational Edition	
(page/ligne)			
64/5	52/15	46/14	**faire le compte de** = compter
64/8	53/2	47/2	**quitter** = laisser [to leave]
64/9	53/3	47/3	**prendre en note** = écrire = noter = marquer
64/11	53/4	47/5	**faire une enquête sur** = faire des recherches (sur) = s'informer (sur) = investiguer
64/14	53/7	47/8	**entraîner** = amener = occasionner
64/28	53/17	47/19	**exiger** = demander impérativement
65/1	53/18	47/20	**fournir** (2ème groupe) = donner
65/1	53/18	47/20	**une preuve**: ce qui montre la vérité d'une chose
65/5	53/20	47/23	**s'émouvoir** = ressentir de l'émotion = se troubler
65/8	53/23	47/26	**un registre**: un gros livre où l'on inscrit des faits dont on veut conserver le souvenir
65/9	53/23	47/26	**tailler**: couper pour donner une certaine forme
65/22	54/8	48/9	**éphémère** (adj.): qui dure très peu de temps ≠ éternel
65/26	54/11	48/12	**se démoder** ≠ cesser d'être à la mode (**démodé** ≠ à la mode)
66/1	54/12	48/14	**se vider** ≠ devenir plein ≠ se remplir
66/7	54/16	48/18	**ça revient au même** = c'est la même chose

Chapitre 16

67/2	56/2	50/2	**quelconque** (adj.) = ordinaire ≠ exceptionnel ≠ extraordinaire
67/7	56/5	50/6	**environ** (adv.) = à peu près = approximativement
67/7	56/5	50/6	**un milliard**: mille millions
67/16	56/12	50/13	**régler** = organiser
67/20	56/14	50/16	**un lampion**: une lanterne de papier
67/21	56/15	50/17	**entrer dans la danse**: entrer dans l'action, participer à quelque chose
67/23	56/16	50/18	**escamoter**: faire disparaître
67/23	56/17	50/18	**les coulisses** (f.): les côtés d'une scène de théâtre (**la scène**: la partie du théâtre où les acteurs jouent)
68/7	56/21	50/24	**confrère**: celui qui exerce la même profession = un collègue
68/8	56/22	50/25	**l'oisiveté** (f.) = l'inaction (**oisif** (adj.) = paresseux) (**le loisir**: la libre disposition de son temps)
68/9	56/23	50/25	**la nonchalance** ≠ l'ardeur (**nonchalant** (adj.) = apathique, qui n'a ni ardeur ni soin)

(page/ligne)

Chapitre 17

68/10	57/1	51/1	**faire de l'esprit:** dire les choses d'une façon vive et amusante = être spirituel
68/11	57/11	51/1	**mentir** (3ème groupe) ≠ dire la vérité
68/16	57/5	51/6	**peupler:** former la population de
68/17	57/6	51/7	**serrés** (adj.): ici, très rapprochés les uns des autres
68/18	57/6	51/7	**loger** = ici, habiter **(un logement** = une habitation)
68/18	57/6	51/7	**aisément** = facilement
68/20	57/8	51/9	**entasser** = mettre en tas = accumuler = amasser
70/3	57/12	51/15	**un pensum:** un travail long et ennuyeux
70/7	57/15	51/19	**un anneau:** un petit cercle
70/8	57/16	51/19	**remuer** = bouger ≠ rester immobile
72/2	58/7	52/12	**se taire:** ne pas parler; garder le silence
72/9	58/12	52/17	**mince** (adj.) ≠ épais
72/10	58/14	52/19	**puissant** (adj.) = fort **(la puissance** = la force)
72/14	58/16	52/22	**une patte:** le pied ou la jambe d'un animal
72/16	58/18	52/24	**un navire** = un bateau
72/18	58/19	52/25	**enrouler:** rouler une chose autour d'une autre
72/18	58/19	52/25	**la cheville:** la partie entre le pied et la jambe
72/20	58/21	52/27	**rendre** = redonner
73/2	59/2	54/4	**une énigme:** jeu d'esprit où il faut deviner une chose
73/3	59/3	54/5	**résoudre:** trouver la solution de

Chapitres 18, 19, et 20

74/10	59/13	54/15	**gêner** = embarrasser = handicaper **(gênant** (adj.) = embarrassant)
74/14	61/1	55/1	**une ascension:** une montée ≠ une descente
74/17	61/3	55/3	**un genou:** [a knee]
74/18	61/4	55/4	**un tabouret:** un petit siège qui n'a ni bras ni dos
74/21	61/6	55/6	**une aiguille:** ici, un sommet très pointu d'une montagne **(aiguiser:** tailler en pointe)
77/5	62/14	56/16	**se sentir** (3ème groupe): se trouver (dans une certaine disposition d'esprit)
77/6	62/15	56/17	**une espèce** = une sorte
78/3	62/18	56/20	**faire semblant:** faire paraître comme réelle une situation qui ne l'est pas = affecter

Harbrace Paperbound Library Edition	Harcourt Brace Jovanovich Clothbound Edition	Houghton Mifflin Educational Edition	
(page/ligne)			
78/3	62/18	56/21	**échapper à** = éviter
78/5	62/19	56/22	**soigner:** s'efforcer de guérir une personne malade ou donner des soins à quelqu'un
			(des soins = de l'attention)

Chapitre 21

78/8	65/14	59/10	**apprivoiser:** rendre moins sauvage, plus sociable
80/8	65/14	59/14	**un fusil:** une arme à feu
80/9	65/14	59/14	**chasser:** courir après les animaux avec une arme
			(un chasseur: celui qui chasse)
80/9	66/1	59/15	**élever** = ici, nourrir = soigner
80/10	66/1	59/15	**une poule:** [a hen]
80/15	66/6	60/4	**un lien** = une attache
			(lier = attacher = unir)
			(délier = détacher)
81/5	66/9	60/18	**intrigué** (adj.): dont la curiosité est excitée
83/9	67/4	60/24	**s'ennuyer** = ne pas s'amuser
83/10	67/5	61/1	**ensoleillé** (adj.): exposé au soleil, rempli de bonheur
83/13	67/7	61/3	**un terrier:** le logement d'un lapin ou d'un renard, sous la terre
83/15	67/8	61/5	**le blé:** la céréale qui fournit le pain
84/3	67/19	61/17	**une chose toute faite:** une chose déjà assemblée qu'on ne fait pas soi-même
84/12	67/25	61/24	**un malentendu:** une action ou une parole mal comprise
84/20	68/5	62/2	**s'agiter** = s'exciter
84/20	68/5	62/2	**s'inquiéter** = se tourmenter = se soucier
			(une inquiétude = un tourment = un souci)
84/23	68/8	62/4	**un rite** = une cérémonie
86/3	68/14	62/11	**la vigne:** le terrain où l'on cultive les plantes qui donnent les grappes de raisin
			(la vigne: la plante qui donne le raisin)
86/11	68/22	62/17	**souhaiter** = désirer = vouloir
86/16	70/4	63/1	**gagner:** avoir un avantage
			≠ perdre
86/22	70/8	64/1	**faire cadeau de** = donner = offrir
87/15	70/22	64/17	**se plaindre** = se lamenter

Chapitres 22 et 23

88/7	71/16	66/7	**un aiguilleur:** [switchman]
			(aiguiller: diriger vers quelque chose; orienter)
88/9	71/18	66/9	**trier** = choisir = séparer = arranger par groupes

Vocabulaire

Harbrace Paperbound Library Edition	Harcourt Brace Jovanovich Clothbound Edition	Houghton Mifflin Educational Edition	
(page/ligne)			
88/10	71/18	66/10	**expédier** = envoyer à destination
			(**l'expéditeur d'une lettre:** celui qui envoie la lettre)
88/13	73/1	66/12	**un rapide** = un train express
88/13	73/1	66/12	**gronder:** émettre un son ou un bruit menaçant
			(**un grondement:** le bruit du tonnerre, du canon, d'un chien en colère)
88/14	73/1	66/12	**le tonnerre:** le bruit qui accompagne la décharge électrique de l'orage
88/15	73/3	66/14	**pressé** (adj.): ici, qui n'a pas de temps à perdre
			(**se presser** = se hâter)
			(**presser** = serrer = appuyer)
88/17	73/4	66/16	**ignorer** ≠ savoir
88/19	73/5	66/18	**le sens inverse** = la direction opposée
89/10	73/13	67/6	**écraser** = presser = appuyer
89/11	73/14	67/7	**une vitre:** le verre d'une fenêtre
89/14	73/16	67/9	**une poupée:** une figurine humaine servant de jouet à l'enfant [a doll]
89/14	73/16	67/9	**un chiffon:** un vieux morceau d'étoffe
89/15	73/17	67/10	**enlever** = ôter = prendre
89/19	74/2	67/13	**un marchand:** celui qui vend quelque chose dans un magasin
89/19	74/3	67/14	**une pilule:** un petit médicament [a pill]
89/20	74/3	67/14	**apaiser** = calmer
89/21	74/4	68/1	**éprouver:** connaître des émotions, des sensations
89/24	74/6	68/4	**l'économie** ≠ la prodigalité
90/2	74/7	68/5	**épargner** ≠ dépenser = économiser

Chapitre 24

Harbrace	Harcourt	Houghton	
91/1	74/12	68/11	**nous en étions au . . .** = c'était le . . .
91/3	74/13	68/13	**une goutte:** une très petite quantité de liquide de forme arrondie (comme une larme)
91/24	75/11	69/7	**un puits:** un trou profond dans le sol pour en tirer l'eau
91/25	75/12	69/8	**la lassitude** = la fatigue
			(**las** (adj.) = fatigué)
92/2	75/13	69/10	**se mettre en marche** = se mettre en route = partir
			(**se mettre à** = commencer à faire)
92/7	75/17	69/13	**une fièvre** = une élévation anormale de la température du corps
92/23	76/2	69/24	**un pli** = une ondulation
			(**les plis du sable** = les dunes)

Harbrace Paperbound Library Edition	Harcourt Brace Jovanovich Clothbound Edition	Houghton Mifflin Educational Edition	
(page/ligne)			
92/28	76/7	69/29	**rayonner** = briller = donner de la lumière
93/1	76/8	70/1	**embellir** (2ème groupe): devenir (plus) beau; rendre (plus) beau
93/6	76/12	70/1	**enfouir** (2ème groupe) = enterrer = cacher
93/14	76/18	70/11	**être d'accord** = agréer
93/18	76/20	70/14	**ému** (adj.): touché par l'émotion
93/21	76/22	70/17	**clos** (adj.) = fermé
93/22	76/22	70/17	**une mèche de cheveux**: une partie séparée des autres cheveux [a lock of hair]
93/24	76/24	70/19	**une écorce**: la partie extérieure d'une branche, d'un tronc d'arbre, d'une orange; ici, l'apparence
93/25	76/25	70/20	**entr'ouvert** (adj.): ouvert à demi
93/25	76/25	70/20	**ébaucher** = indiquer légèrement (une ébauche: une présentation préliminaire très simple)

Chapitre 25

94/7	78/6	72/1	**s'enfourner** = s'entasser
94/15	78/12	72/7	**creuser**: faire une excavation, une cavité, un trou
94/19	78/15	72/11	**une poulie**: une roue de bois ou de métal pour monter quelque chose avec une corde [pulley]
94/19	78/15	72/11	**un seau**: ustensile pour transporter de l'eau
94/21	78/17	72/12	**gémir** (2ème groupe) = se plaindre = se lamenter (un gémissement = une plainte = une lamentation)
94/21	78/18	72/13	**une girouette**: instrument placé sur un toit, qui indique la direction du vent
96/4	79/1	72/19	**hisser** = monter
96/4	79/1	72/19	**la margelle**: le bord du puits
96/5	79/2	72/20	**d'aplomb** = solidement = en équilibre
96/13	79/7	73/4	**un aliment** = une nourriture (alimenter = nourrir (2ème groupe) = donner à manger)
97/3	79/21	73/18	**aveugle** (adj. ou nom): qui ne voit pas
97/6	79/23	73/21	**le miel**: aliment sucré produit par les abeilles
98/3	80/16	74/10	**avoir le coeur serré** = être triste

Chapitre 26

99/7	81/17	75/9	**pendant** (adj.) = tombant
99/12	81/19	75/13	**répliquer** = répondre = riposter
99/24	82/5	76/1	**le venin**: le poison d'un serpent
100/1	82/7	76/3	**faire halte** = s'arrêter
100/5	82/9	76/6	**abaisser**: faire descendre
100/6	82/10	76/7	**faire un bond** = sauter = bondir (2ème groupe) (un bond = un saut)

Harbrace Paperbound Library Edition	Harcourt Brace Jovanovich Clothbound Edition	Houghton Mifflin Educational Edition	
(page/ligne)			
100/8	82/11	**76**/8	**exécuter** = tuer
100/9	82/11	**76**/9	**fouiller** = chercher
100/10	82/12	**76**/10	**prendre le pas de course** = courir (3ème groupe)
100/11	82/13	**76**/11	**couler** (se dit surtout des liquides) = glisser = s'échapper
100/13	82/14	**76**/12	**se faufiler**: se glisser adroitement
100/20	82/19	**76**/18	**éternel** (adj.): ici, toujours associé à quelqu'un
100/20	82/19	**76**/18	**un cache-nez** = une écharpe = un foulard
100/21	82/19	**76**/18	**mouiller**: mettre de l'eau sur
100/23	82/21	**76**/20	**entourer** = mettre autour de
100/25	82/23	**76**/22	**tirer**: se servir d'une arme à feu
102/15	84/9	**78**/6	**un abîme**: un précipice très profond
102/20	84/15	**78**/11	**se réchauffer** = redonner de la chaleur à son corps
102/26	84/19	**78**/16	**glacé** (adj.) = très froid
105/6	86/13	**80**/8	**jouer un tour**: [to play a trick]
105/9	86/16	**80**/11	**un grelot** = une clochette = une petite cloche
105/20	86/25	**80**/20	**mordre**: faire du mal avec les dents
105/26	87/3	**80**/25	**une morsure**: l'action de mordre
105/28	87/4	**80**/27	**s'évader** = se sauver = s'échapper = fuir
106/20	88/10	**82**/3	**la rouille**: l'action et la couleur de l'humidité sur le fer [rust] (**rouillé** (adj.): couvert de rouille)
106/21	88/11	**82**/4	**verser**: faire couler
108/1	89/13	**83**/9	**un éclair**: une décharge électrique pendant un orage

Chapitre 27

109/15	91/7	**85**/2	**une courroie** = une attache (souvent en cuir)
111/1	91/14	**85**/9	**distrait** (adj.) = inattentif (absorbé par autre chose)
113/9	93/10	**87**/10	**supplier** = prier = implorer

Chapitre 1

I   VOCABULAIRE

Transformez les phrases suivantes en remplaçant les expressions en caractères gras par des synonymes.

1. **Les adultes** m'ont **conseillé d'abandonner** le dessin.

   _____

2. Les serpents mangent leur proie sans **se servir des dents**.

   _____

3. Ce **superbe travail** sera bientôt dans un musée.

   _____

4. Quelle **profession** a-t-il choisie? Celle de **pilote d'avion**.

   _____

5. Prenez votre temps pour dîner. Vous **mangez trop rapidement**.

   _____

6. Elle n'aime pas les récits imaginaires, seulement les **histoires vraies**.

   _____

7. Il a longtemps **médité sur** les intérêts des grandes personnes.

   _____

8. Ce jeune garçon aimait les livres avec beaucoup **d'images**.

   _____

9. Je ne sais pas quoi faire; **indiquez**-moi une ligne de conduite.

   _____

10. Est-ce qu'il a **égaré** son chapeau? Non, on le lui a **pris**.

   _____

11. L'étude de la géographie **est utile à** l'aviateur.

   _____

12. J'étais démoralisé; je n'avais pu **réussir** le dessin.

   _____

II VERBES – LE PASSÉ COMPOSÉ ET LE PLUS-QUE-PARFAIT

Le jeune garçon voit le dessin d'un boa et réfléchit sur les animaux de la jungle. A son tour, il trace un serpent. Il juge son dessin très réussi et montre son chef-d'œuvre aux grandes personnes pour leur faire peur. Personne n'a peur. L'enfant ensuite améliore son dessin. Mais tout le monde lui dit d'abandonner les arts.

Plus tard, il apprend le métier d'aviateur.

A. *Ecrivez le texte au passé composé.*

B. *Ecrivez le texte au plus-que-parfait.*

III GRAMMAIRE – PRONOMS PERSONNELS

Refaites les phrases en remplaçant les expressions en caractères gras par les pronoms personnels **le, la, l', les.**

1. Il a fort bien réussi **ce livre.**

_____

2. Les serpents avalent rapidement **leur proie.**

_____

3. Je me demande **si son dessin faisait réellement peur.**

_____

4. N'abandonnez pas **vos projets.**

_____

5. Ne me conseillez pas **ce voyage.**

_____

6. Je peux comprendre **cette extraordinaire aventure.**

_____

7. Vous a-t-il présenté **son chef-d'oeuvre?**

_____

8. Tracez vous-même **votre ligne de conduite.**

_____

9. Il savait reconnaître **la Chine** d'un coup d'œil.

_____

10. Laissez de côté **les études de dessin.**

_____

11. Comment peut-on savoir **si l'Arizona est près d'ici?**

_____

12. Un serpent boa peut-il digérer **un éléphant?**

_____

IV EXPRESSIONS IDIOMATIQUES AVEC **COUP DE . . .**

un coup de crayon	un coup de pied
un coup d'état	un coup de soleil
un coup de main	un coup de téléphone, ou de fil
un coup d'œil	un coup de tête
un coup de peigne	un coup de théâtre

Ecrivez l'expression convenable.

1. Je ne monterai plus ce cheval, il m'a donné un _____ .

2. Passez-moi un _____ quand vous recevrez sa lettre.

3. La nouvelle a fait sensation, cela a été un véritable _____ .

4. Je vais me donner un _____ et je serai prête à partir.

5. Après le _____ , la nation a vite retrouvé son calme.

6. Vous attraperez un _____ si vous sortez sans chapeau.

7. D'un seul _____ , j'ai compris le danger.

8. Il a décidé de quitter son bureau en _____ mais il le regrette.

9. Si vous me donnez un _____ , je pourrai finir vite ce travail.

10. J'aime ses dessins, il a vraiment un beau _____ !

V QUESTIONS

1. Quelle image avait vue l'aviateur quand il avait six ans? Où?

_____

_____

2. Comment les serpents boas mangent-ils?

_____

_____

3. Pourquoi les grandes personnes n'ont-elles pas peur du premier dessin du narrateur?

_____

_____

4. Le deuxième dessin est différent. En quoi?

_____

_____

5. Que conseillent les grandes personnes?

_____

_____

6. Quel métier l'auteur choisit-il donc? A-t-il persévéré dans cette profession?

_____

_____

7. Comment la géographie lui est-elle utile?

_____

_____

8. De quoi les grandes personnes aiment-elles parler?

_____

_____

9. De quoi le narrateur aime-t-il parler?

_____

_____

10. N'y a-t-il pas des adultes qui s'intéressent aux mêmes choses que le narrateur? Lesquels?

_____

_____

Chapitre 2

I VOCABULAIRE

Transformez les phrases suivantes en remplaçant les expressions en caractères gras par des synonymes.

1. Il **est impatient** de réparer son avion.

   _____

2. Le petit bonhomme **regarde attentivement** l'aviateur.

   _____

3. Il **dessine à la hâte** un bélier.

   _____

4. Avez-vous peur de la foudre? **Evidemment.**

   _____

5. Un mécanicien a **monté** le moteur.

   _____

6. C'est avec **surprise** que l'aviateur regarde l'apparition.

   _____

7. Les éléphants **occupent beaucoup de place.**

   _____

8. **Au matin,** tout le désert s'éclaire **brusquement.**

   _____

9. L'orage a provoqué **la perte de ce bateau.**

   _____

10. J'ai **rencontré** cette personne il y a sept ans.

    _____

11. A-t-il **eu la témérité de** reprendre ce dangereux voyage?

    _____

12. Ce vase est **brisé,** vous ne pouvez pas y mettre de l'eau.

    _____

II VERBES – LE PASSÉ COMPOSÉ ET LE PASSÉ SIMPLE

L'aviateur s'endort dans le Sahara à cause d'une panne de moteur. Il dort toute la nuit. Au matin une drôle de voix le réveille; il se frotte les yeux, voit un enfant ravissant et ne peut pas croire à cette apparition.

Très naturellement, l'enfant demande le dessin d'un mouton. L'auteur refait son premier dessin de boa et le petit bonhomme reconnaît un éléphant dans un serpent.

Après trois dessins refusés, le narrateur griffonne une caisse et le petit prince y voit un mouton comme il le veut.

A. *Ecrivez le texte au passé composé.*

B. *Ecrivez le texte au passé simple.*

III GRAMMAIRE – PRONOMS PERSONNELS TONIQUES OU ACCENTUÉS

Ces pronoms sont employés dans les comparaisons: **moi, toi, lui, elle, soi, nous, vous, elles, eux**.

Exemples: On a souvent besoin d'un plus petit que soi.
Il a eu besoin d'un plus petit que lui.

Complétez les phrases suivantes selon les exemples.

1. Ils sont plus isolés que toi, tu es moins isolé qu'eux.

2. Suzanne est plus patiente que moi, je _____ .

3. Pierre est plus surpris qu'eux, ils _____ .

4. Nous sommes plus malades que lui, il _____ .

5. Je réfléchis plus que vous, vous _____ .

6. Je dessine moins bien que lui, il dessine mieux que moi.

7. Il explique moins bien que vous, vous _____ .

8. Nous réussissons moins bien que toi, tu _____ .

9. Ils comprennent moins bien que lui, il _____ .

10. Tu parles moins bien que moi, je _____ .

IV EXPRESSION IDIOMATIQUE ÊTRE MORT DE . . .

Dites autrement:

1. Elle est **morte de fatigue.** _____

2. Vous êtes **morts de froid.** _____

3. Ils sont **morts de soif.** _____

4. Tu étais **mort de peur.** _____

5. Je suis **mort de sommeil.** _____

6. Elles étaient **mortes de chaleur.** _____

7. Nous étions **morts d'ennui.** _____

V QUESTIONS

1. Pourquoi le narrateur a-t-il posé son avion dans le désert du Sahara?

_____

_____

2. A quel danger s'expose-t-on quand on est dans le désert?

_____

_____

3. Comment le narrateur a-t-il été réveillé?

_____

_____

4. L'enfant pouvait-il venir d'un village voisin?

_____

_____

5. Qu'a demandé l'enfant? Ne fait-il pas une faute de français dans sa première phrase?

_____

_____

6. Pourquoi l'aviateur montre-t-il de la mauvaise humeur?

_____

_____

7. Le petit prince voit-il un chapeau dans le premier dessin du narrateur?

_____

_____

8. Aime-t-il le premier mouton? Pourquoi?

_____

_____

9. Le deuxième mouton?

_____

_____

10. Le troisième mouton?

_____

_____

11. Est-ce que le dernier mouton lui plaît? Pourquoi?

_____

_____

12. Quels sentiments peuvent illuminer un visage?

_____

_____

VI DICTÉE

Chapitre 3

I VOCABULAIRE

Transformez les phrases suivantes en remplaçant les expressions en caractères gras par des synonymes.

1. L'éclat de rire du petit prince **mit** l'auteur **en colère**.

   _____

2. L'enfant **posait des questions** constamment.

   _____

3. Il **bougeait** doucement la tête en signe de doute.

   _____

4. Le petit prince **s'enfonça dans** une longue rêverie.

   _____

5. La nuit dernière, j'ai **fait des rêves** toute la nuit.

   _____

6. Attachez le mouton à **ce bâton planté en terre**.

   _____

7. Il **ne** prend **pas** vos critiques **à la légère**.

   _____

8. **Une lumière faible** annonça le lever du jour.

   _____

9. **J'ai** pourtant **fait des efforts**; je n'ai pas réussi.

   _____

10. Il **éclata de rire** quand il apprit que l'aviateur était tombé du ciel.

    _____

11. **Est-il nécessaire** d'attacher le mouton?

    _____

12. **Voyez-vous** son avion **au loin**?

    _____

II VERBES – LE PASSÉ SIMPLE ET LE FUTUR

Le petit prince a aperçu l'avion et a demandé à l'aviateur le nom de cette chose. Ce dernier lui a appris qu'il volait et le petit prince a cru qu'ils venaient tous deux d'une autre planète.

L'aviateur s'est efforcé d'en savoir davantage mais le petit prince n'a pas répondu aux questions qu'il a posées.

A. *Ecrivez le texte au passé simple.*

Il emporte son mouton avec une caisse qui lui sert de maison. Il ne veut pas attacher son mouton; donc il n'a besoin ni de corde ni de piquet.

Le mouton ne va pas loin; il marche droit devant lui et cependant il ne peut pas se perdre.

B. *Ecrivez le texte au futur.*

III. EXPRESSIONS IDIOMATIQUES AVEC N'IMPORTE

n'importe (cela n'a pas d'importance)

n'importe comment (sans faire attention)

n'importe quand (à un moment ou un autre)

n'importe où (la place n'a pas d'importance)

n'importe qui (une personne ou une autre)

n'importe quoi (une chose ou une autre)

n'importe quel . . . , quels . . . , quelle . . . , quelles . . .

Employez l'expression convenable.

1. Où doit-il placer cette lourde caisse? _____ .

2. Vous ne voulez pas m'aider? _____ , je peux faire ce travail seul.

3. Que dois-je prendre pour mettre ces fleurs? _____ vase.

4. _____ peut accomplir ce travail facile.

5. Venez _____, je suis toujours prêt à vous recevoir.

6. Il va trop vite, il fait son travail _____ .

7. Que voulez-vous examiner dans ce livre? _____ images.

8. Que voulez vous pour couper cette corde? _____ .

IV FAMILLE DU MOT LUMIÈRE

allumer (produire du feu ou de la lumière, enflammer ou éclairer)
une allumette (ce qui sert à commencer un feu)
un allumage (l'action d'enflammer les gaz d'un carburateur)
illuminer (éclairer de vive lumière)
lumineux (adj.) (clair, qui jette beaucoup de lumière)
luire (briller, émettre ou refléter de la lumière)
luisant (adj.) (brillant)
la lucidité (la clarté dans les idées, un raisonnement)

Employez l'expression convenable.

1. Pour la fête nationale, le maire a décidé d' _____ les monuments publics.

2. La nuit, dans le désert, on voit _____ les étoiles.

3. J'ai des cigarettes, mais je n'ai pas d' _____ .

4. Mon auto ne peut partir. L' _____ de mon moteur est en panne.

5. Ce meuble est tout neuf, propre et _____ .

6. Il a fini d' _____ toutes les lampes, la maison semble illuminée.

7. Avec beaucoup de _____ , le professeur a expliqué ce problème difficile.

8. Avec des rouges, des jaunes, ce tableau d'un soleil couchant est _____ .

V QUESTIONS

1. Le petit prince préfère-t-il poser des questions ou y répondre?

_____

_____

2. Qui sont les personnes qui, en général, posent beaucoup de questions?

_____

_____

3. Y a-t-il un dessin de l'avion dans le livre? Pourquoi?

_____

_____

4. Le petit prince a-t-il déjà vu un avion?

_____

_____

5. Est-il impressionné par l'avion? Que fait-il?

_____

_____

6. Comment le narrateur comprend-il que le petit prince est venu d'une autre planète?

_____

_____

7. Quel trésor contemple longtemps le petit prince?

_____

_____

8. A quoi servira ce trésor?

_____

_____

9. Pourquoi le petit prince ne veut-il ni corde ni piquet?

_____

_____

VI DICTÉE

Chapitre 4

I VOCABULAIRE

Transformez les phrases suivantes en remplaçant les expressions en caractères gras par des synonymes.

1. Les grandes personnes s'**exclament**: c'est **ravissant!**

_____

2. **Excepté** la géographie, il ne sait rien.

_____

3. **Les grandes personnes réussissent** à imaginer la maison à cause des chiffres.

_____

4. Cet homme **est devenu vieux** très tôt.

_____

5. Etes-vous partisan de **la peine capitale?**

_____

6. Le départ de cette amie m'a donné beaucoup de **peine.**

_____

7. L'aviateur a-t-il bien respecté **la taille** du petit prince?

_____

8. Il a **tâtonné** avant de terminer ce chef-d'œuvre.

_____

9. **Il faut pardonner** aux grandes personnes.

_____

10. Sans cesse, il **fait des erreurs** dans ses chiffres.

_____

11. **Je n'en veux plus à** cet homme car il s'est excusé.

_____

12. C'est parfois **difficile** de voir l'essentiel.

_____

II VERBES – L'IMPARFAIT

J'ai un nouvel ami qui fait une collection de papillons, qui parle d'une voix ravissante, qui joue, qui rit. Mais les grandes personnes ne veulent jamais savoir l'essentiel. Elles veulent savoir si ce nouvel ami possède des frères, l'âge qu'il a, combien son père gagne. Elles ne s'intéressent qu'aux chiffres. Si je leur raconte que mon ami habite une jolie maison rose et fleurie, elles s'efforcent d'imaginer cette maison mais elles ne voient rien. Cependant si je leur dis le prix de la maison, leur curiosité est satisfaite et elles poussent des cris d'admiration.

Ecrivez ce texte à l'imparfait, en commençant ainsi:

Autrefois, lorsque j'étais enfant et que j'avais un nouvel ami

III GRAMMAIRE – PRONOMS PERSONNELS

Ecrivez les phrases suivantes en remplaçant les expressions en caractères gras par les pronoms personnels objects directs: le, la, les, *ou indirects:* lui, leur.

Exemples: Demandez **à votre ami** de partir.   Demandez-**lui** de partir.
            Il permet **aux enfants** de jouer.   Il **leur** permet de jouer.

1. J'ai pourtant dit l'essentiel **aux grandes personnes.**

_____

2. On encourage **les enfants** à apprendre le calcul.

_____

3. On défend **aux enfants** de dessiner sur les murs.

_____

4. Le dictateur a imposé la peine de mort **au coupable**.

_____

5. Apprenez **cette leçon de géographie** pour le prochain examen.

_____

6. Défendez **aux élèves** de sortir.

_____

7. Je connais votre père; vous ressemblez **à votre père**.

_____

8. Ils ne peuvent admettre **la peine de mort**.

_____

9. Je répondrai **à votre ami** dès que j'aurai reçu sa lettre.

_____

10. J'écrirai **la lettre** aussitôt que vous me donnerez cette adresse.

_____

11. Vous n'avez pas oublié; vous en voulez encore **à cet homme**.

_____

12. Je n'en veux pas **à cet enfant**; il est innocent.

_____

IV EXPRESSIONS IDIOMATIQUES AVEC LE VERBE ALLER

Etudiez les expressions suivantes.

1. Depuis que le mécanicien a réparé mon auto, elle va bien.
   (Elle fonctionne bien.)
2. Est-ce que cette horloge va bien?
   (Est-ce l'heure exacte?)
3. Comment allez vous?   Je vais mieux maintenant.
                  (Je me porte mieux, ma santé est meilleure.)
4. Ce costume lui va bien.
   (Il est bien adapté à sa taille.)
5. Le bleu me va.
   (Le bleu est en harmonie avec mes yeux et mes cheveux.)
6. Est-ce que cela va?
   (Est-ce satisfaisant?)
7. Allons donc!
   (Je ne suis pas de cet avis.)

V QUESTIONS

1. Quels sont les noms des grosses planètes?

   _____

   _____

2. Comment savez-vous que la planète du petit prince était petite?

   _____

   _____

3. Qui se sert d'un télescope? Pour quoi faire?

   _____

   _____

4. Pourquoi personne n'a-t-il cru le savant turc en 1909?

   _____

   _____

5. Pourquoi tout le monde fut-il de son avis en 1920?

   _____

   _____

6. Quand elles savent que vous avez un nouvel ami, que demandent les grandes personnes?

   _____

   _____

7. Quelles sont les questions vraiment importantes à poser?

   _____

   _____

8. Dans ce chapitre il y a deux descriptions de maison. Laquelle préférez-vous?

   _____

   _____

9. Comment pouvez-vous convaincre les grandes personnes que le petit prince a existé?

   _____

   _____

10. Pourquoi l'aviateur a-t-il acheté une boîte de couleurs et des crayons?

    _____

    _____

Chapitre 5

I VOCABULAIRE

Transformez les phrases suivantes en remplaçant les expressions en caractères gras par des synonymes.

1. Il a enlevé **les brindilles** et a **bien nettoyé** sa planète.

_____

2. Cette lecture **n'est pas amusante**; mais **j'en viendrai à bout.**

_____

3. Je ne vois pas **la fin** de ce travail.

_____

4. Les papillons volent en **touchant légèrement** les fleurs.

_____

5. Il avait **négligé** les mauvaises graines; ce sont des **arbustes** maintenant.

_____

6. **Nous nous astreignons à** arracher les mauvaises herbes.

_____

7. Sous l'effet du soleil, **les brindilles s'allongent.**

_____

8. Dans votre jardin, **enlevez** cet arbre **trop encombrant.**

_____

9. Tous ces baobabs **perforaient** la planète du paresseux.

_____

10. Les pirates **ravageaient** les côtes de ce pays.

_____

11. Ce vase **s'est brisé** quand je l'ai lavé dans de l'eau trop chaude.

_____

12. Allez dans le jardin et **sortez de terre** les carottes.

_____

II VERBES – CONNAÎTRE, RECONNAÎTRE ET PRENDRE ENVIE DE

Employez la forme convenable.

A. Connaître.

1. Qui sont ces gens? Je ne les _____ pas.

2. Nous _____ cet homme depuis longtemps.

3. Présentez-moi à ce monsieur, je veux le _____ .

4. Ils _____ votre famille l'année dernière.

5. Dans sa triste enfance il _____ beaucoup de misère.

6. Je suis sûr que vous _____ cette mauvaise herbe.

7. J'étais sûr que vous _____ cette mauvaise herbe.

8. Lorsque nous serons allés chez vous, nous _____ vos goûts.

9. Il faut bien _____ les verbes pour pouvoir lire vite.

10. En _____ les verbes, vous lirez beaucoup mieux.

11. Ils arrivèrent et _____ le drame qui se présentait à eux.

12. Autrefois, vous _____ le nom des plantes en latin.

B. Reconnaître.

1. Il _____ ses fautes et je lui ai pardonné.

2. Je _____ que ce travail est ennuyeux. Faites-le quand même.

3. Le petit prince ne savait pas _____ les graines des mauvaises herbes.

4. Vous n'avez pas vu ma sœur depuis longtemps. Vous ne la _____ pas quand vous la verrez.

5. J'ai suivi leurs conseils en _____ leur sagesse.

C. Prendre envie de = prendre fantaisie de.

Exemple: Soudainement, je veux dormir. = Il me prend envie de dormir.

1. Tu as soudainement le désir de voyager. = _____

2. Il a le caprice de s'arrêter ici. = _____

3. Tout d'un coup, nous voulons manger. = _____

4. Soudainement, vous vous étirez. = _____

5. Ils ont brusquement le désir de sortir. = _____

III GRAMMAIRE – ADJECTIFS ET PRONOMS DEMONSTRATIFS

Complétez les phrases suivantes avec les adjectifs démonstratifs, **ce, cet, cette, ces,** *ou les pronoms démonstratifs,* **celui, celle, ceux, celles.**

1. Ne cassez pas _____ brindille, prenez _____ -ci.

2. J'aime _____ arbres; ce sont _____ que vous avez plantés.

3. Arrachez donc _____ arbuste, il n'est pas beau.

4. _____ panne durait déjà depuis plusieurs jours.

5. Emportez _____ caisse avec _____ piquet et _____ bâton.

6. Ce n'est pas votre stylo: voici _____ que vous avez perdu.

7. _____ mouton-ci était trop vieux, et _____ -là déjà malade.

8. Quel est _____ que vous préférez, le mouton ou le bélier?

9. _____ graines? Ce sont _____ que j'achète chaque année.

10. Sa planète est plus propre que _____ du paresseux.

IV FORMATION DES ADVERBES

Compléter les colonnes.

1. fier   fière   fièrement
2. fou   folle   follement
3. doux   douce   doucement
4. vif   vive   vivement
5. sérieux   sérieuse   sérieusement
6. bruyant   bruyante   bruyamment
7. intelligent   intelligente   intelligemment
8. énorme   énorme   énormément
9. peureux   _____   _____
10. attentif   _____   _____
11. naturel   _____   _____
12. général   _____   _____
13. ambitieux   _____   _____
14. patient   _____   _____
15. suffisant   _____   _____
16. modéré   _____   _____
17. bienveillant   _____   _____
18. précis   _____   _____
19. évident   _____   _____
20. naïf   _____   _____

VI QUESTIONS

1. Faites la description d'un baobab. (Voyez le dessin de Saint-Exupéry.)

_____

_____

2. Où poussent les baobabs?

_____

_____

3. Pourquoi le petit prince ne peut-il pas avoir un troupeau d'éléphants sur sa planète?

_____

_____

4. Quelles graines y avait-il sur la planète du petit prince?

_____

_____

5. Décrivez la germination d'une graine.

_____

_____

6. Quel était le travail du petit prince sur sa planète?

_____

_____

7. Pourquoi le petit prince voulait-il un mouton?

_____

_____

8. Quelles plantes peut-on laisser pousser?

_____

_____

9. Quelle catastrophe les baobabs peuvent-ils provoquer?

_____

_____

10. Pourquoi le narrateur est-il parvenu à faire le dessin compliqué des baobabs?

_____

_____

11. Connaissez-vous d'autres dangers qu'il ne faut pas négliger?

_____

_____

Chapitre 6

I VOCABULAIRE – INFINITIFS EMPLOYÉS COMME NOMS

le boire	le pouvoir
le manger	le savoir
le coucher	le savoir-faire
le lever	le savoir-vivre

Employez le mot convenable.

1. Il est si érudit que l'étendue de son _____ m'étonne toujours.

2. Chaque soir, certains nobles privilégiés assistaient au _____ du roi Louis XIV.

3. En période d'inflation, le _____ d'achat diminue.

4. Cette femme est si triste depuis la mort de son mari qu'elle maigrit; elle en a perdu le _____

   et le _____ .

5. Le petit prince se consolait en regardant les _____ de soleil.

6. Avec son habileté, son adresse, son _____ , cet homme ira loin.

7. Un gouvernement démocratique tient son _____ du peuple.

8. Sa compagnie est très agréable, car cet homme est fort courtois: il a beaucoup de _____ .

II VERBES – FALLOIR ET DEVOIR

*Transformez les phrases suivantes en employant le verbe **falloir**, avec un pronom personnel (a.), puis un pronom neutre (b.).*

Exemple: Vous devrez arracher les mauvaises herbes.　　a. Il faudra les arracher.
　　　　　　　　　　　　　　　　　　　　　　　　　　b. Il le faudra.

1. Nous avons dû avertir nos amis.　　　　　a. _____

　　　　　　　　　　　　　　　　　　　　　b. _____

2. Elles doivent éviter les risques.　　　　　a. _____

　　　　　　　　　　　　　　　　　　　　　b. _____

3. Le petit prince devait tirer sa chaise.　　a. _____

　　　　　　　　　　　　　　　　　　　　　b. _____

4. Tu devras faire une autre tentative.

   a. _____

   b. _____

5. J'avais dû raconter mes souvenirs.

   a. _____

   b. _____

6. Ils durent acheter des crayons.

   a. _____

   b. _____

III GRAMMAIRE – ADJECTIFS ET PRONOMS POSSESSIFS

Transformez les phrases suivantes selon les exemples.

Exemples: Cette auto est à moi.   a. C'est mon auto.
                                        b. C'est la mienne.

              Ces dessins sont à eux.   a. Ce sont leurs dessins.
                                          b. Ce sont les leurs.

1. Cet avion est à l'aviateur.

   a. _____

   b. _____

2. Cette maison est à Marie.

   a. _____

   b. _____

3. Cette bicyclette est à Pierre.

   a. _____

   b. _____

4. Ce chef-d'œuvre est à ma soeur.

   a. _____

   b. _____

5. C'est le radeau du naufragé.

   a. _____

   b. _____

6. Ces stylos sont à nous.

   a. _____

   b. _____

7. Cette caisse est à vous.

   a. _____

   b. _____

8. Cette feuille de papier est à toi.

   a. _____

   b. _____

9. Ces chapeaux sont à moi.

   a. _____

   b. _____

10. Ces cravates sont à eux.

   a. _____

   b. _____

IV GRAMMAIRE

A. *Adverbes, prépositions en fonction adverbiale.*

Modifiez les verbes par différents adverbes.

Exemple: s'habiller **pauvrement** = **de facon pauvre, de manière pauvre**
s'habiller **élégamment** = **avec élégance**

1. écrire _____ = _____

2. écrire _____ = _____

3. travailler _____ = _____

4. travailler _____ = _____

5. conduire une auto _____ = _____

6. conduire une auto _____ = _____

7. parler _____ = _____

8. parler _____ = _____

9. se conduire _____ = _____

10. se conduire _____ = _____

B. *Adjectifs, noms et leur contraire.*

Transformez les phrases suivantes selon l'exemple.

Exemple: Comme c'est clair! **Quelle clarté! Quelle obscurité!**

1. Comme il est riche!   _____   _____

2. Comme c'est impoli!   _____   _____

3. Comme il est humble!   _____   _____

4. Comme c'est difficile!   _____   _____

5. Comme il est patient!   _____   _____

6. Comme il est paresseux!   _____   _____

7. Comme c'est gai!   _____   _____

8. Comme il est imprudent!   _____   _____

9. Comme il est hardi!   _____   _____

10. Comme c'est sage!   _____   _____

V QUESTIONS

1. Quelle était la principale distraction du petit prince quand il était sur sa planète?

_____

_____

2. Comment pouvait-il voir plusieurs couchers de soleil par jour?

_____

_____

3. Quels étaient les sentiments du petit prince quand il a vu le soleil se coucher quarante-quatre fois?

_____

_____

4. Y a-t-il des personnes qui aient vu le soleil se coucher plus d'une fois en vingt-quatre heures? Expliquez.

_____

_____

5. Quand il est dix heures du matin à Washington, quelle heure est-il en France? à San Francisco? au Brésil? au Japon?

_____

_____

VI DICTÉE

Chapitre 7

I VOCABULAIRE

Transformez les phrases suivantes en remplaçant les expressions en caractères gras par des synonymes.

1. Le petit prince **a humilié** l'aviateur.

_____

2. Le vieux monsieur **cramoisi** est gonflé d'orgueil.

_____

3. L'auteur ne comprenait rien et **mélangeait** tout.

_____

4. Est-ce que vous **vous rendez compte de** vos erreurs?

_____

5. Le bruit **troublait** ses méditations.

_____

6. A quoi les épines **sont-elles utiles**?

_____

7. Il **avait peur de** n'avoir plus rien à boire.

_____

8. Cette ville a été complètement **détruite** par la guerre.

_____

9. Le petit prince commença à **pleurer bruyamment**.

_____

10. Il interrogeait **impitoyablement** en **agitant** ses cheveux.

_____

11. L'eau **diminuait**; il allait mourir de soif.

_____

II VERBES–CRAINDRE ET ÉTEINDRE

Employez la forme convenable.

A. Craindre

1. Je _____ beaucoup l'orage. Et vous, que _____ ?

2. Il est venu déjeuner en _____ s'être trompé de date.

3. Presque tout le monde _____ les serpents.

4. Quand ils étaient dans le désert, ils _____ de mourir de soif.

5. Il ne _____ pas la solitude s'il emporte des livres.

6. Cette route n'est pas dangereuse, vous n'avez rien à _____ .

7. _____ s'égarer, il regarde constamment sa carte.

8. Vous _____ le pire, mais tout s'est bien passé.

9. Tu ne _____ plus cet homme quand tu le connaîtras mieux.

10. Autrefois, nous _____ tous les insectes.

B. Eteindre

1. S'il vous plaît, _____ les lumières avant de sortir.

2. J'_____ toutes les lampes il y a une minute.

3. Lorsque je sors, je n'oublie jamais d'_____ les lampes.

4. Lorsque tu sors, tu _____ toujours les lampes.

5. Nous _____ le poste de radio quand nous nous couchions.

6. Ils _____ leur cigarette et la jetèrent.

7. Quand vous partirez, vous _____ le feu de la cheminée.

8. En _____ l'allumette, il a éteint ma cigarette.

9. Chaque matin, toutes les étoiles s'_____.

10. Après _____ le poste de télévision, nous pourrons enfin causer.

III GRAMMAIRE – PRONOMS PERSONNELS Y ET EN

Remplacez les mots en caractères gras par les pronoms personnels **y** *ou* **en**. *Ensuite mettez la phrase à la forme interrogative.*

Exemple: Il s'intéresse **à la géographie.**   Il s'y intéresse.
S'y intéresse-t-il?

Nous avons parlé **de politique.**   Nous en avons parlé.
En avons-nous parlé?

1. Les adultes ont besoin **d'explications.**   _____

_____

2. Il a réussi **à faire son dessin.** _____

_____

3. Il sort un stylo **de sa poche.** _____

_____

4. Ils réussirent **à réparer la panne.** _____

_____

5. Vous vous intéressez **au calcul.** _____

_____

6. Elle s'était intéressée **à la musique.** _____

_____

7. Nous sommes stupéfaits **de cette apparition.** _____

_____

8. Elle a bien envie **de dormir.** _____

_____

9. Ils parlent encore **de golf.** _____

_____

10. Ils partiront bientôt **aux Etats-Unis.** _____

_____

11. Elles étaient revenues **d'Espagne.** _____

_____

12. Saint-Exupéry était perdu **dans le Sahara.** _____

_____

IV GRAMMAIRE – ADVERBES: NOMS ABSTRAITS, ADJECTIFS, ADVERBES DE MANIÈRE

Complétez les colonnes.

1. La fol<u>ie</u>	fou	rire follement	
2. la coquetter<u>ie</u>	coquet	sourire	_____
3. _____	harmonieux	chanter	_____
4. _____	brusque	interrompre	_____
5. _____	envieux	regarder	_____
6. _____	hypocrite	conseiller	_____

7. la sagesse	sage	discuter	_____
8. _____	triste	contempler	_____
9. _____	hardi	attaquer	_____
10. _____	paresseux	s'étirer	_____
11. la néglig<u>ence</u>	négligent	casser	_____
12. la const<u>ance</u>	constant	parler	_____
13. _____	imprudent	marcher	_____
14. _____	patient	attendre	_____
15. _____	élégant	se vêtir	_____
16. la fier<u>té</u>	fier	se tenir	_____
17. fideli<u>té</u>	fidèle	suivre	_____
18. _____	facile	arracher	_____
19. _____	rapide	raconter	_____
20. _____	sincère	s'excuser	_____
21. _____	timide	agir	_____
22. _____	doux	arriver	_____
23. _____	haut	assurer	_____
24. _____	chaleureux	remercier	_____
25. _____	terrible	vieillir	_____

V QUESTIONS

1. Quelle était l'inquiétude du narrateur le cinquième jour?

   _____

   _____

2. Que faisait-il à ce moment?

   _____

   _____

3. Quel était le souci du petit prince?

   _____

   _____

4. Pourquoi les épines sont-elles utiles à une fleur?

   _____

   _____

5. Pourquoi le monsieur cramoisi n'est-il pas un homme intéressant?

_____

_____

6. Que faut-il faire pour vraiment vivre, et non pas seulement exister?

_____

_____

7. De quoi le petit prince a-t-il peur?

_____

_____

8. Pourquoi le petit prince rougit-il en parlant de cette fleur unique au monde?

_____

_____

9. Pourquoi le petit prince sanglote-t-il?

_____

_____

10. Que fait alors l'aviateur?

_____

_____

11. Que promet-il au petit prince?

_____

_____

12. Pourquoi l'aviateur se sent-il maladroit?

_____

_____

VI DICTÉE

Chapitre 8

I VOCABULAIRE

Transformez les phrases suivantes en remplaçant les expressions en caractères gras par des synonymes.

1. Les petites fleurs n'**étaient** pas **encombrantes.**

_____

2. Le petit prince **observait attentivement** cette plante nouvelle.

_____

3. La fleur, **protégée par** sa chambre verte, **assemble** ses pétales.

_____

4. La plante s'arrêta de **grandir.**

_____

5. La rose voulut se montrer dans toute sa **splendeur.**

_____

6. La fleur était **touchante**; pourtant elle **irritait** le petit prince.

_____

7. Elle **détestait** les courants d'air.

_____

8. Elle trouve que la planète n'est pas bien **arrangée.**

_____

9. Le petit prince devinait **le manque de modestie** de la fleur.

_____

10. Le petit prince, **honteux,** pensait qu'il avait mal agi.

_____

11. La rose **parfumait** sa planète et il en **était joyeux.**

_____

12. Il ne savait pas aimer et il **s'est enfui.**

_____

II VERBES – LE FUTUR ANTÉRIEUR

Complètez les phrases suivantes selon les exemples.

Exemples: L'aviateur s'envolera dès qu'il **aura réparé** son avion.
La fleur se montrera aussitôt qu'elle **se sera coiffée**.

1. Le petit prince se reposera quand il (arracher) _____ les baobabs.

2. Le petit prince se reposera quand il (faire) _____ la toilette de sa planète.

3. Le petit prince se reposera quand il (s'astreindre) _____ à enlever les arbustes.

4. L'astronome turc se fera comprendre dès qu'il (mentionner) _____ ce chiffre.

5. L'astronome turc se fera comprendre dès qu'il (s'habiller) _____ à l'Européenne.

6. L'astronome turc se fera comprendre dès qu'il (refaire) _____ une démonstration.

7. La rose apparaîtra aussitôt qu'elle (arranger) _____ ses pétales.

8. La rose apparaîtra aussitôt qu'elle (choisir) _____ ses couleurs.

9. La rose apparaîtra aussitôt qu'elle (se faire) _____ belle.

10. Les adultes s'imagineront un homme quand vous (dire) _____ son âge.

11. Les adultes s'imagineront un homme quand vous (parler) _____ de son salaire.

12. La fleur sera triste quand le petit prince (s'enfuir) _____ .

III GRAMMAIRE – EMPLOIS DE À ET DE

Mettez les prépositions **à** *ou* **de** *(seulement quand il le faut) dans le texte suivant.*

Un jour, le petit prince regarde _____ pousser une nouvelle brindille qui ne ressemble pas _____ un baobab. La plante cesse _____ grandir et commence _____ faire un bouton énorme. A l'abri de sa chambre verte, elle assemble _____ ses pétales et ne finit pas _____ se préparer; elle s'efforce _____ apparaître dans toute sa beauté.

Le petit prince assiste _____ ce miracle et fait la connaissance _____ la fleur au lever du jour. Il ne peut s'empêcher _____ l'admirer et il se réjouit aussi _____ son parfum. Mais la rose commence _____ tourmenter le petit prince. Elle désire _____ un paravent, elle a besoin _____ un globe, elle a envie _____ eau fraîche. Il s'efforce _____ la servir mais il ne réussit pas _____ la contenter.

Il commence _____ douter _____ elle et pense _____ partir. La fleur dit _____ son admirateur qu'elle n'a pas peur _____ tigres puisqu'elle est armée _____ griffes; elle parle _____ griffes quand elle veut _____ dire _____ ses épines. Le petit prince ne sait pas _____ comprendre la fierté de la rose et s'attriste _____ ses caprices. La rose ne répond pas _____ ses reproches et il décide _____ s'enfuir.

IV MOTS COMPOSÉS AVEC **PARA**- (*Parer à = se protéger de*)

Expliquez les mots suivants.

  1. un parachute: _____

  2. un parapluie: _____

  3. un parasol: _____

  4. un paravent: _____

  5. un pare-brise (sur une auto): _____

  6. un pare-chocs (sur une auto): _____

  7. un paratonnerre (sur une maison): _____

V QUESTIONS

  1. Quel genre de fleurs y avait-il sur la planète du petit prince?

_____

_____

  2. D'où était venue la graine de cette fleur unique?

_____

_____

  3. Que faisait la fleur à l'abri de la chambre verte?

_____

_____

  4. A quelle heure de la journée la fleur s'est-elle montrée?

_____

_____

  5. Que demande aussitôt la fleur?

_____

_____

  6. La fleur a-t-elle peur des tigres? Pourquoi?

_____

_____

  7. De quoi la fleur a-t-elle horreur?

_____

_____

8. Pourquoi la fleur ne connaît-elle pas les autres mondes?

_____

_____

9. Pourquoi le petit prince était-il devenu très malheureux?

_____

_____

10. Que fallait-il faire pour aimer la fleur?

_____

_____

11. Les caprices de la fleur sont-ils des fautes graves? Pourquoi?

_____

_____

12. Le départ du petit prince vous paraît-il justifié? Pourquoi?

_____

_____

VI DICTÉE

Chapitre 9

I VOCABULAIRE

Transformez les phrases suivantes en remplaçant les expressions en caractères gras par des synonymes.

1. Il faut **ramoner** avant l'hiver.

   _____

2. Le petit prince rangea sa planète avant **son départ**.

   _____

3. Les fleurs **tolèrent les chenilles** pour avoir des papillons.

   _____

4. Il est **pratique** d'avoir un volcan pour cuisiner.

   _____

5. Ces travaux **habituels** lui étaient **doux**.

   _____

6. Vous **allez lentement**. Votre lenteur est irritante.

   _____

7. La rose **essayait** de ne pas pleurer.

   _____

8. Les volcans non ramonés peuvent **provoquer** des ennuis.

   _____

9. Il ne peut guère parler, il **a un rhume**.

   _____

10. Le manque de reproches **déconcerta** le petit prince.

    _____

11. Le ramonage n'a pas été fait **avec soin et attention**.

    _____

II LES SUFFIXES -TION (-ATION, -ITION, -CTION, -UTION), -AISON, -ION

Les mots terminés ainsi marquent tous une action ou le résultat d'une action. Ils sont tous du féminin.
Completez les colonnes.

A.   **-ation**
1. communiquer   une communication

2. représenter   _____

3. méditer   _____

4. citer   _____

5. amputer   _____

6. investiguer   _____

7. libérer   _____

8. germiner   _____

9. imaginer   _____

10. irriguer   _____

11. respirer   _____

12. émigrer   _____

13. apprécier   _____

14. multiplier   _____

15. publier   _____

16. humilier   _____

17. amplifier   _____

18. dilater   _____

19. améliorer   _____

20. compliquer   _____

                                  -ition
21. apparaître   une apparition

22. définir   _____

23. répartir   _____

24. disparaître   _____

25. opposer   _____

26. composer   _____

27. transposer   _____

28. punir   _____

B.   **-ction**

1. traduire   une traduction

2. produire   _____

3. distinguer   _____

4. distraire   _____

5. objecter   _____

6. soustraire   _____

7. protéger   _____

                                           -ution

8. persécuter   une persécution

9. diminuer   _____

10. exécuter   _____

11. évoluer   _____

12. attribuer   _____

                                           -aison

13. conjuguer   la conjugaison

14. combiner   _____

15. comparer   _____

16. terminer   _____

17. incliner   _____

                                           -ssion

18. permettre   la permission

19. omettre   _____

20. posséder   _____

                                           -ion

21. s'évader   une évasion

22. diffuser   _____

23. diviser   _____

24. crucifier   une crucifixion

25. réfléchir   _____

III VERBE – SAVOIR

Employez la forme convenable.

1. Nous ＿＿＿＿＿＿＿＿＿＿ les mots du vocabulaire demain.

2. Lorsqu'il ＿＿＿＿＿＿＿＿＿＿ la catastrophe, il pleurera.

3. Quand il était sur sa planète, le petit prince ＿＿＿＿＿＿＿＿＿＿ ramoner ses volcans.

4. Soyez prudent: ＿＿＿＿＿＿＿＿＿＿ vous protéger des courants d'air avec un paravent!

5. En ＿＿＿＿＿＿＿＿＿＿ se coiffer et se faire belle, la rose était très coquette.

6. Quand tu ＿＿＿＿＿＿＿＿＿＿ mon excuse, tu ne m'en voudras plus.

7. Je ＿＿＿＿＿＿＿＿＿＿ que je n'ai pas tort.

8. Je ＿＿＿＿＿＿＿＿＿＿ que je n'avais pas tort.

9. Ils oublièrent mon adresse dès qu'ils la ＿＿＿＿＿＿＿＿＿＿ .

10. J'aime ＿＿＿＿＿＿＿＿＿＿ tout ce qui se passe.

11. Je vous dirai tout; vous ＿＿＿＿＿＿＿＿＿＿ tout et vous comprendrez.

12. Vous ne m'aviez rien dit; ＿＿＿＿＿＿＿＿＿＿ -vous qu'il était parti?

IV QUESTIONS

1. Qu'est-ce qui a facilité le départ du petit prince?

＿＿＿＿＿＿＿＿＿＿＿＿＿＿＿＿＿＿＿＿＿＿＿＿＿＿＿＿＿＿＿＿＿

＿＿＿＿＿＿＿＿＿＿＿＿＿＿＿＿＿＿＿＿＿＿＿＿＿＿＿＿＿＿＿＿＿

2. Que fit-il pour mettre sa planète en ordre?

＿＿＿＿＿＿＿＿＿＿＿＿＿＿＿＿＿＿＿＿＿＿＿＿＿＿＿＿＿＿＿＿＿

＿＿＿＿＿＿＿＿＿＿＿＿＿＿＿＿＿＿＿＿＿＿＿＿＿＿＿＿＿＿＿＿＿

3. A quoi servait son volcan en activité?

＿＿＿＿＿＿＿＿＿＿＿＿＿＿＿＿＿＿＿＿＿＿＿＿＿＿＿＿＿＿＿＿＿

＿＿＿＿＿＿＿＿＿＿＿＿＿＿＿＿＿＿＿＿＿＿＿＿＿＿＿＿＿＿＿＿＿

4. Pourquoi est-il nécessaire de ramoner les volcans?

＿＿＿＿＿＿＿＿＿＿＿＿＿＿＿＿＿＿＿＿＿＿＿＿＿＿＿＿＿＿＿＿＿

＿＿＿＿＿＿＿＿＿＿＿＿＿＿＿＿＿＿＿＿＿＿＿＿＿＿＿＿＿＿＿＿＿

5. Pourquoi ces travaux de rangement lui semblent-ils si doux?

＿＿＿＿＿＿＿＿＿＿＿＿＿＿＿＿＿＿＿＿＿＿＿＿＿＿＿＿＿＿＿＿＿

＿＿＿＿＿＿＿＿＿＿＿＿＿＿＿＿＿＿＿＿＿＿＿＿＿＿＿＿＿＿＿＿＿

6. Que veut-il faire pour sa fleur?

_____

_____

7. Pourquoi la fleur tousse-t-elle?

_____

_____

8. La fleur avait-elle vraiment besoin d'un globe?

_____

_____

9. Que voulait-elle vraiment?

_____

_____

10. Contre qui et avec quoi se défendra-t-elle?

_____

_____

11. Qui tiendra compagnie à la fleur?

_____

_____

12. Décrivez la fleur et son caractère.

_____

_____

V DICTÉE

Chapitre 10

I VOCABULAIRE

Transformez les phrases suivantes en remplaçant les expressions en caractères gras par des synonymes.

1. Ce **roi** n'avait vraiment aucune **puissance**.

_____

2. Le roi **défend** qu'on bâille en sa présence.

_____

3. Il dit: "C'est un manque de **savoir-vivre**."

_____

4. Le roi ne sait plus quoi dire et **finit** sa phrase en **parlant peu distinctement**.

_____

5. Le petit prince **devient plus brave** et **demande une faveur**.

_____

6. Le roi déclare que son autorité **est fondée** sur la raison.

_____

7. Le roi ne peut marcher et ne connaît pas son **domaine**.

_____

8. Le petit prince veut partir sans **faire de la peine au** roi.

_____

9. Juger **les autres** est plus facile que se juger soi-même.

_____

10. **Le siège** du roi et sa **voiture** étaient de couleur **rouge vif**.

_____

11. Le roi **ne dissipait pas** ses forces.

_____

II LES PRÉFIXES MAL-, MALÉ-, MAU-, MÉ-, MÉS-
(*Valeur négative*)

Formez les mots qui correspondent aux définitions suivantes.

mal-   1. malade   qui n'est pas en bonne santé

         2. malsain   le contraire de sain (en bonne santé, bon pour la santé)

         3. _____   le contraire d'heureux

         4. _____   le contraire de bonheur

         5. _____   qui n'est pas honnête

         6. _____   qui n'est pas propre

         7. _____   qui n'est pas adroit, qui ne sait pas se servir de ses mains

         8. _____   le contraire d'adresse

         9. _____   ne pas traiter bien

        10. _____   le contraire de bienveillant

        11. _____   la mauvaise chance

malé- 12. la malédiction   la condamnation au malheur

        13. maléfique   qui a une mauvaise influence

mau- 14. maudire   appeler la malédiction

        15. maussade   peu aimable, de mauvaise humeur

mé-   16. méconnu   qui n'est pas reconnu à sa juste valeur

        17. _____   ne pas connaître ou reconnaître

        18. _____   dire du mal de quelqu'un

        19. _____   qui n'est pas content

        20. _____   le contraire d'un bienfait

        21. se _____   prendre une chose ou une personne pour une autre

        22. se _____   ne pas se fier (avoir confiance)

més- 23. une mésalliance   une alliance (mariage) avec une personne inférieure

        24. _____   une mauvaise entente

        25. _____   ne pas estimer à sa juste valeur

        26. _____   une aventure désagréable

III VERBES – LE CONDITIONNEL PRÉSENT

A. *Exemple:*   Il l'empêcherait de partir ≠ Il lui permettrait de partir.

(Changez d'infinitif à chaque personne.)

1. Je vous empêcherais de _____ ≠ _____ .

2. Tu les _____ ≠ _____ .

3. Il nous _____ ≠ _____ .

4. Nous l' _____ ≠ _____ .

5. Vous les _____ ≠ _____ .

6. Ils m' _____ ≠ _____ .

B. *Conditionnel présent –* **Si** *suivi de l'imparfait*

Exemples: Le petit prince s'assiérait si le roi le lui permettait.
              Si le roi voulait être obéi, il donnerait des ordres raisonnables.

Complétez les phrases suivantes selon les exemples.

1. Tu te jugerais toi-même si tu (être) _____ un sage.

2. La rose supporterait des chenilles si elle (vouloir) _____ des papillons.

3. Les étoiles vous obéiraient si vous (devenir) _____ roi.

4. Nous bâillerions si nous (se sentir) _____ fatigués.

5. Ils seraient heureux s'ils (partir) _____ .

6. Si tu pouvais te juger toi-même, tu (être) _____ un sage.

7. Si les ordres étaient déraisonnables, le général n' (obéir) _____ pas.

8. S'il grâciait le rat, il (pouvoir) _____ le juger encore.

9. Si j'avais sommeil, je (bâiller) _____ .

10. Si nous savions achever ce travail, nous le (finir) _____ .

11. L'auteur (partir) _____ s'il (réparer) _____ son avion.

12. Si la rose (avoir) _____ des griffes, elle (se défendre) _____ .

13. S'il (savoir) _____ aimer sa fleur, il ne (partir) _____ pas.

14. Il (mettre) _____ sa rose à l'abri s'il (faire) _____ froid.

15. Si les volcans (être) _____ ramonés, ils (brûler) _____ doucement.

IV EXPRESSION IDIOMATIQUE – TANTÔT . . . TANTÔT

Exemple: **Tantôt** il bredouille, **tantôt** il s'exprime clairement =
Parfois il bredouille, d'autres fois il s'exprime clairement.

Complétez les phrases suivantes.

1. Tantôt le roi condamne à mort, tantôt _____ .

2. Il se promène tantôt à pied, tantôt _____ .

3. Nous passons nos vacances tantôt à la mer, tantôt _____ .

4. Tu fais ton travail tantôt bien, tantôt _____ .

5. Tantôt il économise son argent, tantôt _____ .

V QUESTIONS

1. Faites la description du roi.

_____

_____

2. Pourquoi est-il content de voir le petit prince?

_____

_____

3. Le petit prince se sent-il flatté?

_____

_____

4. Après la fatigue du voyage, que fait le petit prince?

_____

_____

5. Comment le petit prince sait-il que ce roi est un monarque absolu?

_____

_____

6. Qu'est-ce qu'un monarque universel?

_____

_____

7. Quelle grâce le petit prince sollicite-t-il du roi?

_____

_____

8. Le roi accorde-t-il cette faveur? A-t-il réellement du pouvoir?

_____

_____

9. Le roi a-t-il fait le tour de son royaume? Pourquoi?

_____

_____

10. Quel poste propose-t-il au petit prince?

_____

_____

11. Citez les paroles qui montrent que le roi est vraiment raisonnable.

_____

_____

12. Citez les paroles qui montrent que le roi est aussi un sage.

_____

_____

VI DICTÉE

Chapitres 11 et 12

I VOCABULAIRE

Transformez les phrases suivantes en remplacant les expressions en caractères gras par des synonymes.

1. La rose savait qu'elle était belle et en était **vaniteuse.**

_____

2. Tout le monde aime recevoir des **compliments.**

_____

3. La fin du discours fut reçue par des **acclamations.**

_____

4. **L'homme qui boit** a **confessé** son vice.

_____

5. Fatigué de **battre des mains**, le petit prince **partit.**

_____

6. Il voulait **aider** le buveur.

_____

7. Il **avait de la pitié pour** le buveur.

_____

II GRAMMAIRE – ADVERBES DE NÉGATION

Complétez les phrases suivantes selon les exemples.

A. *Adverbe de négation limitée –* **Ne . . . que**

Exemple: La rose a **seulement** quatre épines. = Elle n'a **que** quatre épines.

1. Elle en a seulement quatre. = _____ .

2. Il y avait seulement un rat sur sa planète. = _____ .

3. Il sollicite seulement une grâce. = _____ .

4. Les étoiles obéissent seulement au roi. = _____ .

5. Voulez-vous seulement un verre d'eau? = _____ .

6. Ecrivez-moi seulement une carte postale. = _____ .

B. *Adverbes de négation* — Ne . . . pas, ne . . . plus, ne . . . guère, ne . . . jamais, ne . . . ni . . . ni

Exemples: J'ai **beaucoup** réfléchi ≠ Je n'ai **guère** réfléchi.
On lui conseille **encore** de partir ≠ On **ne** lui conseille **plus** de partir.

1. L'explorateur a toujours vécu dans la jungle.

   ≠ _____.

2. Pendant leur digestion, les serpents ne peuvent plus bouger.

   ≠ _____.

3. L'aviateur n'a parlé ni de forêts ni d'étoiles.

   ≠ _____.

4. Il a dessiné un serpent et un éléphant.

   ≠ _____.

5. La fleur avait besoin d'un paravent et d'un globe.

   ≠ _____.

6. Le roi donne toujours des ordres raisonnables.

   ≠ _____.

7. Il s'est encore égaré dans la Forêt Vierge.

   ≠ _____.

8. Les grandes personnes comprennent les enfants et les poètes.

   ≠ _____.

9. Ils sont mauvais et maussades. ≠ _____.

10. Vous admettez toujours vos erreurs. ≠ _____.

11. Il ne se sert plus de son volcan. ≠ _____.

III VERBE — S'EN ALLER

Employez la forme convenable.

1. Je n'ai plus rien à faire ici; je _____ .

2. On ferme les portes; tout le monde _____ .

3. Autrefois il _____ toujours sans nous saluer.

4. Tu _____ dimanche prochain.

5. Nous _____ quand elle est entrée.

6. Ils prirent leur chapeau et _____ .

7. Le mouton _____ si vous ne mettez pas de piquet.

8. Le mouton _____ si vous ne mettiez pas de piquet.

9. Où m' _____ demain?

10. L'été dernier, elles _____ à la plage tous les jours.

11. Je ne veux plus vous voir. _____!

12. Mais toi, reste ici, ne _____ pas.

IV   LE PRÉFIXE RE-

Ajoutez un complément à ces verbes.

la répétition d'un acte

1. recharger un révolver

2. relire _____

3. récrire _____

4. réchauffer _____

5. reconstruire _____

6. refaire _____

7. recompter _____

8. recuire _____

9. rééduquer _____

10. revoir _____

un mouvement en sens inverse

1. remonter une horloge

2. rapporter _____

3. ramener _____

4. reconduire _____

5. remporter _____

6. reprendre _____

7. repousser _____

V   QUESTIONS

1. Le vaniteux est-il content de voir le petit prince? Pourquoi?

_____

_____

2. Que demande-t-il au petit prince?

_____

_____

3. Que fait alors le vaniteux?

_____

_____

4. Le petit prince trouve-t-il le jeu amusant pendant longtemps?

_____

_____

5. Que veut entendre le vaniteux?

_____

_____

6. Décrivez la planète du buveur.

_____

_____

7. Quel est le cercle vicieux de la vie du buveur?

_____

_____

Chapitre 13

I VOCABULAIRE

Transformez les phrases suivantes en remplaçant les expressions en caractères gras par des synonymes.

1. Je ne savais quoi faire et j'ai **flâné** en chemin.

   _____

2. Ce hanneton **émettait** un bruit **épouvantable**.

   _____

3. Le businessman a eu l'idée **d'administrer** les étoiles.

   _____

4. Comme il était le premier à y **songer**, il a **pris une patente pour** cette idée.

   _____

5. Il **ne prend pas** d'exercice.

   _____

6. Il ne **perd** pas **son temps en rêveries** et ne s'amuse pas à des **bêtises**.

   _____

7. Quand on le dérange, il **répond** d'un air **maussade**.

   _____

8. Seuls, les **paresseux** perdent leur temps à admirer les étoiles.

   _____

9. Le petit prince pense que les petites choses dorées sont des **abeilles**.

   _____

10. Le businessman n'est pas plus logique que le **buveur**.

   _____

II GRAMMAIRE – PRONOMS INTERROGATIFS

Complétez les questions avec **qui** *ou* **quoi**, *précédé d'une préposition.*

Exemples: **Avec qui** assistiez-vous à ce film? J'y ai assisté **avec ma soeur**.
Sur quoi mettrez-vous le globe? Je le mettrai **sur la cheminée**.

1. _____ parliez-vous? Je parlais **d'un vaniteux**.

2. _____ réfléchissiez-vous? Nous réfléchissions **sur la vanité**.

3. _____ avez-vous pensé? J'ai pensé **à sa famille**.

4. _____ s'occupait-il? Il s'occupait **de son moteur**.

5. _____ fait-elle ce pull-over? Elle le fait **pour vous**.

6. _____ pensez-vous? Je ne pense **à rien**.

7. _____ aurez-vous besoin? Nous aurons besoin **d'un mécanicien**.

8. _____ étiez-vous assis? J'étais assis **près d'un inconnu**.

9. _____ irez-vous demain? Nous irons **chez lui**.

10. _____ met-il le foulard? Il le met **autour de son cou**.

III VERBE – CUEILLIR

Employez la forme convenable.

1. Ne _____ pas encore les pommes; elles sont vertes.

2. Ils _____ des fruits et les mangèrent tout de suite.

3. Quand nous serons dans le jardin, nous _____ des fraises.

4. Lorsqu'elle _____ ces fleurs, elle vous les apportera.

5. Si je pouvais monter dans l'arbre, je _____ des cerises.

6. Il _____ mes roses quand je suis allé dans mon jardin.

7. Les roses que nous _____ sont encore fraîches.

8. Tu manges les fruits dès que tu les _____ .

9. Après _____ les fleurs, elle les met dans un vase.

10. Elles chantent tout en _____ les coquelicots.

IV FAMILLE DU MOT SERVIR

servir (donner ses services)   Le businessman ne sert pas les étoiles.
servir à (être utile)   Son tiroir sert à enfermer le nombre des étoiles.
servir de (être employé comme)   Sa table lui sert de bureau.
desservir (débarrasser une table après avoir mangé)
se servir (prendre de ce qui est sur la table)
se servir de (utiliser)   Il ne sait pas se servir d'un marteau.

un serveur, une serveuse (celui ou celle qui sert à table ou dans un café)
un serviteur, une servante (celui ou celle qui sert dans une maison)
serviable (adj.) (qui aime rendre service)
servile (adj.) (Obséquieux, qui suit trop un modèle)

Ecrivez le mot convenable.

1. Le palais de Versailles avaient des centaines de _____ et de _____ .

2. Le petit prince avait l'habitude de _____ la fleur et lui donnait de l'eau.

3. Vous pouvez demander un service à cet homme, il est toujours _____ .

4. Je vais lui donner une bonne part de gâteau, il n'ose pas _____ .

5. Un volcan en activité peut _____ chauffer les repas.

6. Il peut _____ cette fourchette pour manger le gâteau.

7. Il n'a aucune fierté et ses manières _____ m'embarrassent.

8. Elle ne fait rien et ne peut même pas _____ après les repas.

9. Les _____ et les _____ de ce restaurant ont un costume régional.

10. Le volcan éteint pouvait _____ tabouret au petit prince.

V QUESTIONS

1. Que faisait le businessman quand le petit prince est venu?

_____
_____

2. Par quoi le businessman a-t-il été dérangé la première fois?

_____
_____

3. La deuxième fois?

_____
_____

4. Combien d'étoiles le businessman possède-t-il?

_____
_____

5. Pourquoi est-il le seul à posséder les étoiles?

_____
_____

6. Que fait-il pour posséder les étoiles?

_____

_____

7. Quel plaisir en a-t-il?

_____

_____

8. Que sont les étoiles pour les autres gens?

_____

_____

9. Que fait le petit prince pour le foulard qu'il possède?

_____

_____

10. Pour sa fleur?

_____

_____

11. Pour ses volcans?

_____

_____

12. Connaissez-vous des personnes semblables au businessman (en littérature ou dans la vie)? Décrivez-en une.

_____

_____

VI DICTÉE

Chapitre 14

I VOCABULAIRE

Transformez les phrases suivantes en remplaçant les expressions en caractères gras par des synonymes.

1. Le **curieux** métier de l'allumeur de réverbère serait **méprisé** par le roi et le businessman.

_____

2. Son travail a **une signification,** mais il ne l'explique pas; il dit: **ce sont les ordres.**

_____

3. Il **s'essuyait** le front avec un mouchoir à **petits carrés.**

_____

4. Le conseil du petit prince ne **l'avantage pas.**

_____

5. Pourrez-vous **loger** tous vos bagages dans ma voiture?

_____

6. Quand il **est arrivé** à la cinquième planète, il l'a trouvée **étrange.**

_____

7. Cet homme n'est pas **loyal** et je **ne l'estime pas.**

_____

8. C'est si petit chez lui que son lit est à **une enjambée** de son bureau.

_____

9. Il a **poursuivi** son voyage malgré les difficultés.

_____

10. Son long et ennuyeux discours m'**a fait dormir.**

_____

II GRAMMAIRE – PRONOMS INTERROGATIFS

Complétez les phrases suivantes selon les examples.

A. Qui et **qu'est-ce qui** (*sujet*)

Exemples: **Qui** estime l'allumeur? **Tout le monde** estime l'allumeur.
Qu'est-ce qui fatigue l'allumeur? **Son travail** le fatigue.

1. _____ ? *Le roi* règne sur les étoiles.

2. _____? *L'allumeur* pourrait être un ami.

3. _____? *La petite fille* est entrée.

4. _____? *Ce vase* est tombé.

5. _____? *La chanson* l'a endormi.

6. _____? *Son père* le fait trembler.

7. _____? *Le froid* le fait trembler.

8. _____? *Les insectes* m'ont dérangé.

B. Qui et que (*complément d'object*)

Exemples: **Qui** le petit prince salue-t-il? Il salue **l'allumeur**.
  Que tirez-vous? Je tire **ma chaise**.

1. _____? Nous pouvons cueillir **des roses**.

2. _____? Il a dérangé le **businessman**.

3. _____? Il méprisait **les fainéants**.

4. _____? Ils méprisent **le danger**.

5. _____? Elle écrit **une tragédie**.

6. _____? Il dessinera **une muselière**.

7. _____? Le pilote a bercé **le petit prince**.

8. _____? Elle berçait sa **poupée**.

III   VERBES – DORMIR, ENDORMIR, S'ENDORMIR

Employez les formes convenables.

A. Dormir

1. _____ , mon enfant, et fais de beaux rêves!

2. Quand je suis venu dans votre chambre, vous _____ profondément.

3. Vous _____ plus longtemps que moi la nuit dernière.

4. Autrefois, elle_____un peu l'après-midi.

5. Quand nous _____ , nous n'entendons pas le téléphone.

6. S'il a des soucis, il ne _____ pas.

7. Si nous avions des soucis, nous ne _____ pas.

8. Dès qu'ils se furent couchés, ils _____ .

9. Après _____ , je me sens bien reposé.

10. Cet homme prend constamment des médicaments pour _____ .

B. Endormir

1. Quand il éteignait son réverbère, cela _____ l'étoile.

2. Le vent et le bruit de la pluie m'_____ facilement.

3. L'obscurité et le silence ne parviennent pas à l'_____.

4. Hier soir, l'hypnotiste _____ dix personnes.

5. On _____ toujours les malades avant une opération.

C. S'endormir

1. Quand nous sommes fatigués, nous _____ tout de suite.

2. J'étais si contente la nuit dernière que je ne pouvais pas _____.

3. Si nous avions sommeil, nous _____ tout de suite.

4 La fillette _____ vite si vous ne faites pas de bruit.

5. Je _____ lorsque le téléphone a sonné.

IV EXPRESSIONS IDIOMATIQUES AVEC CHOSE

A. Pas grand-chose = peu de chose

Que dit-il? Il ne dit pas grand-chose. (Il ne dit presque rien.)
Êtes-vous malade? Un peu, mais ce n'est pas grand-chose. (Ce n'est pas important.)
Quelles nouvelles nous apportez-vous? Oh, pas grand-chose. (A peu près rien.)

B. Quelque chose de + *adjectif masculin*

Exemple: Une belle chose: quelque chose de beau.

1. Une chose douce: _____

2. Une chose intéressante: _____

3. Une chose fausse: _____

4. Une bonne chose: _____

5. Une chose intelligente: _____

6. Une chose précieuse: _____

7. Une chose chère: _____

V QUESTIONS

1. Décrivez la cinquième planète.

_____

_____

2. A quoi pense le petit prince quand le réverbère s'allume?

_____

_____

3. Qu'est-ce qui arrive quand l'allumeur éteint le réverbère?

_____

_____

4. Que fait l'allumeur avec son mouchoir? Pourquoi?

_____

_____

5. Le petit prince pense que l'allumeur fait un métier utile. Pourquoi?

_____

_____

6. Comment ce métier est-il devenu terrible?

_____

_____

7. Combien de temps dure la conversation entre le petit prince et l'allumeur?

_____

_____

8. Quel est le conseil du petit prince à l'allumeur?

_____

_____

9. Pourquoi l'allumeur ne veut-il pas suivre ce conseil?

_____

_____

10. Pourquoi le petit prince préfère-t-il l'allumeur aux habitants des planètes précédentes?

_____

_____

11. Pourquoi ne reste-t-il pas sur la cinquième planète?

_____

_____

12. Que regrette-t-il en partant?

_____

_____

Chapitre 15

I VOCABULAIRE

Transformez les phrases suivantes en remplaçant les expressions en caractères gras par des synonymes.

1. Le géographe **prenait en note** les informations sur **un gros livre**.

   _____

2. Mais il n'avait pas d'explorateur pour **compter** les montagnes.

   _____

3. Le petit prince a été **désappointé** par les réponses du savant.

   _____

4. Le géographe fait **faire des recherches sur** la moralité de l'explorateur.

   _____

5. L'explorateur **donne** des preuves de sa découverte.

   _____

6. Les papillons et les mouches **sont éphémères**.

   _____

7. Chaque année, on **coupe** ces arbres **pour leur donner une certaine forme**.

   _____

8. Un explorateur menteur **amènerait** des catastrophes.

   _____

9. Le petit prince ne peut s'empêcher de **ressentir de l'émotion** en pensant à la fragilité de sa fleur.

   _____

10. Le géographe **demande impérativement** une bonne moralité.

   _____

11. Ce manteau est encore chaud, mais il **n'est plus à la mode**.

   _____

12. Le petit prince **a laissé** la sixième planète et le géographe.

   _____

II VERBE – TENIR

Employez la forme convenable.

1. J'allumerai la lampe pendant que vous la _____ .

2. Les éléphants sont très encombrants et _____ beaucoup de place.

3. Le géographe gardait les récits des explorateurs et _____ un gros registre.

4. Il allumera la lampe si vous la _____ .

5. Il allumerait la lampe si vous la _____ .

6. Avec la violence du vent, il est impossible de _____ un parapluie ouvert.

7. Pendant que je t'aide à mettre ton manteau, _____ mon parapluie.

8. Lorsque je suis entré, ils _____ la porte.

9. Ils l'ont remerciée quand elle leur _____ la porte.

10. Elle s'est assise en _____ son livre.

III FAMILLE DU MOT TENIR

A.

Verbes	Noms et adjectifs
s'abstenir de (ne pas agir, se refuser à)	l'abstention (l'absence d'action ou de vote)
contenir (renfermer)	le contenu (ce qui est dedans)
se contenir (se contrôler)	
entretenir (garder dans un bon état)	l'entretien
obtenir (recevoir, après des difficultés)	
retenir (garder, réserver)	
soutenir (supporter, aider)	un soutien
	intenable (intolérable, insupportable)
	tenace (persistant, persévérant)

B. *Exemples*

s'abstenir de	Pour ne pas grossir, **elle s'abstient de** manger
une abstention	Cet état reste neutre et garde une politique d'**abstention.**
contenir	L'enfant est curieux de voir ce que **contient** le paquet.
le contenu	La table des matières décrit **le contenu** du livre.
se contenir	Il ne **se contient** pas et sanglote bruyamment.
entretenir	**Entretenez** votre feu dans la cheminée, il s'éteint.
l'entretien	Mon auto est vieille et son **entretien** coûte très cher.
obtenir	Au bout de longues années, il a **obtenu** la place qu'il désirait.
retenir	L'agence de voyages a **retenu** mes places d'avion.
soutenir	Cet homme n'a plus de travail et ne peut **soutenir** sa famille.
le soutien	Le gouvernement a **le soutien** de tous les partis politiques.
intenable	Dans cette pièce, la chaleur est **intenable.**
tenace	Il était **tenace** et voulait une réponse à ses questions.

C. *Ecrivez le mot convenable.*

1. Cet homme est trop vieux pour _____ son jardin.

2. Le bruit des autos est _____, je ne peux travailler.

3. Cet arbre a tant de fruits qu'il faut _____ les branches avec des piquets.

4. Dans ce restaurant, on doit _____ une table une semaine à l'avance.

5. Il est courageux, il est _____, aucun obstacle ne lui résiste.

6. Le tiroir du businessman sert à _____ le nombre des étoiles.

7. La motion a été approuvée par vingt voix et cinq _____ .

8. C'est le gouvernement qui s'occupe de l' _____ des routes.

9. Quel est le _____ du registre du géographe?

10. Elle ne peut pas _____ cigarettes, elle fume constamment.

11. Cette femme a beaucoup de responsabilités, elle est le seul _____ de sa famille.

12. Après beaucoup de questions, le géographe réussit à _____ des récits exacts.

13. Il ne pouvait _____ et il montrait sa colère.

IV GRAMMAIRE – LE CONDITIONNEL PASSÉ

> présent ou futur + si + présent
> conditionnel présent + si + imparfait (Voir Chapitre 10, Ex. III)
> conditionnel passé + si + plus-que-parfait

Exemples: **Il fait** (ou **fera**) naître une fleur s'il **allume** sa lanterne.

Il **ferait** naître une fleur s'il **allumait** sa lanterne.

Il **aurait fait** naître une fleur s'il **avait allumé** sa lanterne.

A. *Complétez les phrases suivantes selon les exemples.*

1. Il endort (ou endormira) l'étoile s'il éteint sa lanterne.

2. Il endormirait l'étoile _____ .

3. Il aurait endormi l'étoile _____ .

4. Il pourra se reposer si la consigne ne change pas.

5. _____ .

6. _____ .

7. Le géographe écrira sur son registre s'il a des explorateurs.

8. _____

9. _____

B. *Ecrivez la forme convenable des verbes entre parenthèses.*

1. Le géographe (prendre) _____ des notes si les explorations étaient intéressantes.

2. L'explorateur causerait des catastrophes s'il (mentir) _____ .

3. On (croire) _____ l'explorateur s'il avait fourni des preuves.

4. Si le général s'était changé en oiseau, il (voler) _____ .

5. S'il avait tiré sa chaise, il (voir) _____ les couchers de soleil.

6. Il aurait taillé son crayon s'il (vouloir) _____ écrire.

7. Si les conditions (être) _____ favorables, il aurait vu un coucher de soleil.

8. Il (être) _____ un sage s'il avait pu se juger lui-même.

9. Les géographies se seraient démodées si les montagnes (changer) _____ de place.

V QUESTIONS

1. Qu'est-ce qu'un géographe?

_____

_____

2. Décrivez le métier d'explorateur.

_____

_____

3. Pourquoi ce géographe ne sait-il pas s'il y a des montagnes sur sa planète?

_____

_____

4. Pourquoi un explorateur doit-il avoir une bonne moralité?

_____

_____

5. Pourquoi le géographe écrit-il d'abord au crayon?

_____

_____

6. Comment peut-on croire un explorateur?

_____

_____

7. Pourquoi les livres de géographie ne se démodent-ils pas?

_____

_____

8. Citez plusieurs choses éternelles.

_____

_____

9. Citez des choses et des êtres éphémères.

_____

_____

10. Qu'est-ce que le petit prince a aimé sur la planète du géographe?

_____

_____

11. Pourquoi le petit prince a-t-il quitté la sixième planète?

_____

_____

VI DICTÉE

Chapitre 16

I GRAMMAIRE – PRONOMS RELATIFS

Exemples:

1. C'est le ballet **qui** me fait venir au théâtre.
2. Voici le ballet **que** je préfère.
3. Ce sont les ballets **dont** je vous ai parlé. (J'ai parlé de ces ballets.)
4. C'est le ballet **dont** j'aime la musique. (la musique du ballet)
5. C'est le ballet **où** vous voulez danser. (dans lequel)
6. C'est la coulisse par **laquelle** la danseuse est entrée sur scène.
7. Ce sont les ballets **auxquels** je pense. (Je pense aux ballets)

Employez le pronom convenable.

1. L'allumeur _____ habite au pôle Nord mène une vie oisive.

2. C'est un ballet _____ je n'ai jamais vu.

3. Le choréographe _____ a fait ce ballet m'est inconnu.

4. Ceux _____ ont allumé leurs réverbères s'en vont dormir.

5. Le réverbère _____ je voyais était celui du pôle Sud.

6. La Chine et la Sibérie sont des pays _____ je n'ai jamais vus.

7. La planète sur _____ il arrive enfin est la terre.

8. L'Australie est un pays dans _____ je n'ai pas voyagé.

9. La géographie est une étude à _____ il s'intéresse.

10. Les allumeurs _____ entraient dans la danse étaient ceux de l'Inde.

11. Voici un ballet _____ les danseurs sont des allumeurs.

12. C'est la scène _____ le ballet sera donné.

13. Voilà un ballet _____ je n'aime pas la chorégraphie.

14. Il n'a pas aperçu le danseur _____ s'est escamoté dans la coulisse.

15. C'est une armée _____ l'entretien est coûteux.

16. N'est-ce pas le pays _____ vous pensiez?

17. Ce sont des études _____ il s'intéresse.

18. Où sont les lampions _____ nous avons besoin?

19. Où sont les lampions _____ vous avez allumés?

20. Voici le théâtre _____ je connais si bien les coulisses.

II LES PRÉFIXES DÉ-, DÉS-, ET DIS-

(Ces préfixes marquent la séparation, la privation, la négation.)

Complétez les colonnes.

A.   dé-

1. le montage, monter   le démontage, démonter

2. le peuplement, peupler   _____

3. le placement, placer   _____

4. le rangement, ranger   _____

5. le règlement, règler   _____

6. plaisant (adj.), plaire   _____

B.   dés-

1. l'union, unir   la désunion, désunir

2. l'intégration, intégrer   _____

3. obligeant (adj.), obliger   _____

4. obéissant (adj.), obéir   _____

5. l'espoir, espérer   _____

6. l'infection, infecter   _____

7. l'accord, accorder   _____

8. l'enchantement, enchanter   _____

C.   dis-

1. la continuité, continuer   la discontinuité, discontinuer

2. la simulation, simuler   _____

3. la jonction, joindre   _____

4. la qualification, qualifier   _____

5. la grâce, gracieux (adj.)   _____

6. une association, associer   _____

III VERBE – VENIR

Employez la forme convenable.

1. L'été dernier, je _____ vous voir tous les jours.

2. J'espère que vous _____ chez moi dimanche prochain.

3. Elle me salua aussitôt que je _____ .

4. Nous _____ dîner avec vous si nous étions libres.

5. Nous _____ dîner avec vous si nous avions été libres.

6. _____ chez moi demain; nous travaillerons ensemble.

7. Après _____ , elles sont reparties immédiatement.

8. Je te raconterai une histoire drôle si tu _____ avec moi.

9. Je me suis trompé de chemin en _____ chez vous.

10. L'explorateur _____ dans le bureau du géographe et a montré des preuves.

IV QUESTIONS

1. Quel est l'homme le plus riche, un millionnaire ou un milliardaire? Expliquez la différence.

_____

_____   _____

2. Combien y-a-t-il de rois sur la terre? de géographes? de businessmen? Ecrivez les réponses en chiffres et en lettres.

_____

_____

3. Combien d'ivrognes? de vaniteux? d'allumeurs?

_____

_____

4. Relevez les mots de théâtre ou de spectacle dans la description de l'allumage des réverbères.

_____

_____

5. Pourquoi les allumeurs du pôle Nord et du pôle Sud menaient-ils une vie oisive?

_____

_____

6. Qu'est-ce que vous aimez faire pendant vos loisirs?

_____

_____

V DICTÉE

Chapitre 17

I VOCABULAIRE

Transformez les phrases suivantes en remplaçant les expressions en caractères gras par des synonymes.

1. Il **accumule** les livres dans sa chambre, mais il ne les lit pas.

   _____

2. Certaines femmes indigènes d'Afrique portent **des cercles à la cheville**.

   _____

3. Ne remuez pas et **ne parlez pas**!

   _____

4. Le serpent qui n'a **pas de pattes** est cependant très **puissant**.

   _____

5. Il peut **trouver la solution de** tous les problèmes.

   _____

6. Il sait **redonner** à la terre ce qui vient de la terre.

   _____

7. Je ne vois pas la fin de ce **pensum**.

   _____

8. Le serpent **se roule** autour de la jambe du petit prince.

   _____

9. Des descendants d'immigrants **peuplent** les Etats-Unis.

   _____

10. **Des navires** les amenèrent sur le sol américain.

    _____

11. Le matin et le soir, les gens sont **serrés** dans le métro.

    _____

12. En voulant **être spirituel**, les gens souvent **ne disent pas la vérité**.

    _____

II GRAMMAIRE – LE PRÉSENT AVEC **DEPUIS** OU **IL Y A**

Exemples: Depuis combien de temps lisez-vous *le Petit Prince*?
Je lis *le Petit Prince* depuis sept semaines.
Il y a sept semaines que je lis *le Petit Prince*.

1. Depuis quand savez-vous cette nouvelle?

_____ .

_____ .

2. Depuis combien de temps étudiez-vous le français?

_____ .

_____ .

3. Depuis quand connaissez-vous ces gens?

_____ .

_____ .

III VERBE – **SE TAIRE**

Employez la forme convenable.

1. Vous dites des balivernes, _____ .

2. Je _____ quand vous aurez répondu à ma question.

3. Quand il entrait dans l'église, il _____ .

4. Il _____ et enleva son chapeau.

5. Il m'a prié de me _____ .

6. Pourriez-vous _____ quelques instants?

7. Si je n'avais rien à dire, je _____ .

8. Si je n'avais rien eu à dire, je _____ .

9. En _____ , il a pu tout observer.

10. _____ est difficile quand on est en colère.

IV DISTINCTION ENTRE LES VERBES **SAVOIR** ET **CONNAÎTRE**

Exemples: Le serpent **sait** où se trouve la planète du petit prince mais il ne la **connaît** pas.
Je **connais** ce poème. (Je l'ai lu.)
Je **sais** cette chanson. (Je l'ai apprise, je peux la chanter.)

*Employez les verbes **savoir** et **connaître** dans les phrases suivantes.*

1. Je _____ votre maison, mais je ne _____ pas votre adresse.

2. Est-ce que vous _____ où j'ai posé mon bracelet?

3. Nous _____ cet homme depuis longtemps.

4. Si vous avez été chez lui, vous _____ ses goûts.

5. Oui, et je _____ aussi combien il gagne.

6. Ils _____ parler français.

7. Vous _____ très bien cette ville et vous ne _____ pas où est le musée?

8. Un musée? Je n'en _____ pas.

9. Pour _____ un peuple, il faut en parler la langue.

10. Le vaniteux ne _____ pas qu'il est ridicule.

11. Quand on _____ les verbes irréguliers, la lecture devient facile.

V LES PRÉFIXES CO-, COL-, COM-, CON-

Ces préfixes signifient la réunion ou l'adjonction (avec ou ensemble).

Complétez les colonnes.

	Verbes	Noms
1. mettre d'accord	concilier	la conciliation
2. réunir des objets	collectionner	_____
3. faire un travail (un labeur) ensemble	collaborer	_____
4. opérer avec quelqu'un	_____	_____
5. donner la même forme	_____	_____
6. habiter ensemble	_____	_____
7. réunir en un centre	_____	_____
8. rappeler par une cérémonie à la mémoire	_____	_____
9. personne qui écrit un livre avec un autre		_____

VI QUESTIONS

1. Que fait-on souvent quand on veut faire de l'esprit?

_____

_____

2. Où pourrait-on entasser toute l'humanité?

_____

_____

3. Pourquoi le petit prince est-il surpris quand il arrive sur la terre?

_____

_____

4. Que cherche-t-il?

_____

_____

5. Pourquoi le petit prince pense-t-il que le serpent n'est pas puissant?

_____

_____

6. Quelle sorte d'aide offre le serpent?

_____

_____

7. Comment le serpent peut-il résoudre tous les problèmes?

_____

_____

8. Est-ce vrai qu'on peut se sentir seul chez les hommes? Expliquez.

_____

_____

9. Le Sphinx proposa cette énigme à Oedipe: "Quel est l'animal qui marche à quatre pieds le matin, à deux pieds le midi et à trois le soir? " Expliquez la réponse:

_____

_____

10. Voici une énigme de Voltaire:
    "Cinq voyelles, une consonne
      En français composent mon nom,
      Et je porte sur ma personne*
      De quoi écrire sans crayon."

    (*sur ma personne: sur moi.)

La réponse n'est pas un nom de personne. Quelle est la réponse?

_____

11. Préparez une devinette ou une énigme à poser à la classe.

_____

_____

Chapitres 18, 19 et 20

I VOCABULAIRE

Transformez les phrases suivantes en remplaçant les expressions en caractères gras par des synonymes.

1. Les hommes n'ont pas de racines, ce qui les **handicape** beaucoup.

   _____

2. Il casse toujours ses crayons et passe son temps à les **aiguiser.**

   _____

3. Les alpinistes trouvent souvent la descente aussi dangereuse que **la montée.**

   _____

4. Les montagnes jeunes, les Alpes par exemple, ont des **aiguilles.**

   _____

5. Il a eu beaucoup de chance **d'éviter** cet accident.

   _____

6. Le petit prince **se trouve** très triste.

   _____

7. La rose **feindrait** de mourir de honte.

   _____

8. Dans ces montagnes on peut voir plusieurs **espèces** d'animaux sauvages.

   _____

9. Le petit prince devra **donner tous ses soins** à sa fleur.

   _____

II LES PRÉFIXES EN- ET EM-

(Em *s'emploie devant* **b, m,** *et* **p.)**

Complétez les colonnes.

A. *Marque l'éloignement*

1. fuir   s'enfuir

2. lever   _____

3. porter _____

4. mener _____

5. voler _____

B. *Signifie* **mettre dans, donner,** *ou* **devenir**

1. charger de dettes	endetter	
2. donner un rhume	_____	
3. mettre en poche	_____	
4. mettre dans une barque	embarquer	l'embarquement
5. mettre en tas	_____	_____
6. mettre en pile	_____	_____
7. mettre en prison	_____	_____
8. charger de chaînes	_____	_____
9. mettre en paquet	_____	_____
10. mettre en caisse (de l'argent)	_____	_____
11. faire prendre racine	_____	_____
12. mettre en terre	_____	_____
13. donner du poison	_____	_____
14. donner du courage	_____	_____
15. mettre dans un cadre	_____	_____
16. faire dormir (3ème groupe)	_____	
17. devenir ou rendre beau	embellir (2ème groupe)	l'embellissement
18. devenir ou rendre laid	_____	_____
19. devenir ou rendre dur	endurcir	_____
20. rendre riche	_____	_____

III VERBE – FAIRE

Employez les formes convenables.

A. *Une expression idiomatique de temps*

1. Il _____ si mauvais hier que je ne suis pas sorti.

2. S'il _____ du soleil, je serais allé me promener.

3. Avez-vous toujours peur quand il _____ de l'orage?

4. Nous nous lèverons quand il _____ jour.

5. Sortiriez-vous en auto s'il _____ du brouillard?

6. Il faisait chaud hier, mais avant-hier il _____ encore plus chaud.

7. Hier, le ciel était si couvert qu'il _____ nuit à six heures.

8. Il _____ doux si le vent n'était pas si violent.

B. *Autres expressions idiomatiques*

faire l'ascension de

faire attention

faire de la peine

faire peur

faire un tour, ou une promenade

faire des courses, ou des commissions, ou des achats

faire la connaissance de

faire de l'esprit

faire semblant

faire une visite

Complétez les phrases suivantes avec les expressions précédentes.

1. L'élève semble écouter la leçon mais il ne _____ pas _____.

2. Elle est très amusante, elle _____ toujours _____.

3. La solitude des montagnes lui _____.

4. Après avoir fini son travail, il _____ au parc.

5. C'est souvent le samedi qu'elle _____.

6. Avec ses exigences, la rose _____ au petit prince.

7. Il dit qu'il a _____ de l'Himalaya, mais je ne le crois pas.

8. Le petit prince _____ de croire que la rose est unique au monde.

9. Il ne sort pas de chez lui, il ne _____ pas de _____ à ses amis.

10. Elle a _____ de mes parents l'année dernière.

IV QUESTIONS

1. Comment la fleur du désert décrit-elle les hommes?

_____

_____

2. Pourquoi le petit prince fit-il l'ascension de la montagne?

_____

_____

3. Que vit-il alors?

_____

_____

4. Pourquoi pense-t-il à sa fleur en entendant l'écho?

_____

_____

5. Pourquoi est-il malheureux de voir le jardin de roses?

_____

_____

6. Comment la rose cacherait-elle son humiliation si elle voyait les cinq mille roses?

_____

_____

Chapitre 21

I VOCABULAIRE

Transformez les phrases suivantes en remplaçant les expressions en caractères gras par des synonymes.

1. Les hommes courent après le renard qui va se cacher dans son **terrier.**

   _____

2. Ce petit oiseau vient maintenant manger dans ma main. Je l'ai **rendu moins sauvage.**

   _____

3. Le fermier a acheté **un terrain pour la production du raisin** et il fera son vin lui-même.

   _____

4. Vous êtes toujours à l'heure, ainsi quand vous êtes en retard, je me **tourmente.**

   _____

5. Ce roman est trop long, trop lent, je **ne m'amuse pas** en le lisant.

   _____

6. Avec un ami fidèle et agréable, la vie est **ensoleillée.**

   _____

7. Ils **souhaitent** partir vers des pays lointains.

   _____

8. Je lui **avais fait cadeau** d'un foulard et il l'a perdu.

   _____

9. Cet homme a toujours conservé des **attaches** avec ses amis d'enfance.

   _____

10. C'est **une parole mal comprise**, ne vous **excitez** pas, tout s'arrangera.

    _____

11. Pourquoi achetez-vous des robes **toutes faites?**

    _____

II VERBES – SE RAPPELER ET SE SOUVENIR DE

A. Se rappeler

Présent

1. Je me rappelle les chasseurs.
2. Tu te rappelles ce malentendu.
3. Il se rappelle la rose.
4. Nous nous rappelons les vignes.
5. Vous vous rappelez le renard.
6. Ils se rappellent leur enfance.

Futur

Je me les rappellerai.

Tu _____ .

Il _____ .

Nous _____ .

Vous _____ .

Ils _____ .

B. Se souvenir de (*mêmes compléments que plus haut*)

Présent

1. Je me souviens des chasseurs.
2. Tu _____ .
3. Il _____ .
4. Nous _____ .
5. Vous _____ .
6. Ils _____ .

Futur

Je m'en souviendrai.

Tu _____ .

Il _____ .

Nous _____ .

Vous _____ .

Ils _____ ..

C. *Passé composé* (*mêmes compléments que plus haut*)

se rappeler

1. Je me les suis rappelés.
2. Tu _____ .
3. Il _____ .
4. Nous _____ .
5. Vous _____ .
6. Ils _____ .

se souvenir

Je m'en suis souvenu.

Tu _____ .

Il _____ .

Nous _____ .

Vous _____ .

Ils _____ .

III   FAMILLE DU MOT **TERRE**

une terrasse (sur une maison ou devant un café)
un territoire (terre, en politique et en administration)
un terrain (terre, au point de vue commercial)
un terrain d'atterrissage (le terrain où se posent les avions)
un enterrement (action de mettre un mort en terre)
un parterre (partie du jardin consacrée aux fleurs)
un souterrain (passage sous la terre)
la Terre de Feu
Terre-Haute
Terre-Neuve

atterrir (2ème groupe) (toucher terre)
enterrer (mettre en terre)
déterrer (sortir de terre)

Complétez les phrases suivantes par un des mots précédents.

1. Ce jardin est superbe avec ses _____ multicolores.

2. Certaines villes américaines, comme _____, ont des noms français.

3. J'aime beaucoup faire un tour à l'aéroport pour voir les avions _____ .

4. Cet homme a acheté un _____ pour y construire une fabrique.

5. J'ai appris trop tard sa mort. Je n'ai pas pu assister à son _____ .

6. La dixième province du Canada est _____ .

7. Après la guerre, ce pays a dû abandonner de nombreux _____ à l'ennemi.

8. L'étranger s'est souvent perdu dans les _____ du métro.

9. L'avare avait pris soin d'_____ son argent dans le jardin.

10. Au Sud de l'Argentine et du Chili se trouve _____ .

11. Ce piquet est trop près du rosier; il faudra le _____ .

12. C'est un grand plaisir de s'asseoir aux _____ quand on est à Paris.

IV QUESTIONS

1. Que signifie apprivoiser?

_____

_____

2. Quels animaux peut-on apprivoiser?

_____

_____

3. Pourquoi le renard n'aime-t-il pas les hommes?

_____

_____

4. Pourquoi ne veut-il pas aller sur la planète du petit prince?

_____

_____

5. Pourquoi le renard s'ennuie-t-il?

_____

_____

6. Que fait-il quand il entend des pas?

_____

_____

7. Que fera-t-il quand il entendra les pas du petit prince?

_____

_____

8. Est-ce que l'amitié est instantanée? Expliquez votre réponse.

_____

_____

9. Pourquoi le renard aimera-t-il la couleur du blé?

_____

_____

10. Quel est le rite des chasseurs? Et celui du renard?

_____

_____

11. Pourquoi la fleur du petit prince est-elle unique?

_____

_____

12. Citez les paroles du renard dont le petit prince se souviendra.

_____

_____

V   DICTÉE

Chapitres 22 et 23

I VOCABULAIRE

Transformez les phrases suivantes en remplaçant les expressions en caractères gras par des synonymes.

1. Les enfants **connaissent** le chagrin si on leur **prend** leur poupée.

   _____

2. Prenez donc ce **petit médicament** pour **calmer** votre mal de tête.

   _____

3. Les parents ont **aiguillé** leur fils vers la médecine.

   _____

4. L'aiguilleur **arrange** les voyageurs par groupes de mille.

   _____

5. Vous ne m'avez jamais **expédié** le livre que j'avais commandé.

   _____

6. Vous ne parviendrez pas à finir ce travail si vous **n'épargnez pas** vos forces.

   _____

7. Les enfants **pressent** leur visage contre les vitres.

   _____

8. Je **n'ai pas de temps à perdre**; laissez-moi partir tout de suite.

   _____

9. Le ciel est sombre et j'entends le **bruit de l'orage**.

   _____

10. Je suis en retard car j'ai pris l'omnibus, j'aurais dû prendre **l'express**.

    _____

11. Cette lettre a été retournée à **celui qui l'avait écrite**.

    _____

12. Vous n'arriverez jamais à la gare, vous avez pris **la direction opposée**.

    _____

II GRAMMAIRE – PRÉPOSITIONS

près de ≠ loin de, vers, avec ≠ sans, sur ≠ sous
devant ≠ derrière, pour ≠ contre, dans ≠ hors de, à cause de ≠ malgré

Employez la préposition convenable.

1. Le petit prince se dirige _____ un champ de roses.

2. L'express emporte les passagers _____ la ville où ils habitent.

3. Les voyageurs dorment ou bâillent _____ les wagons.

4. _____ leur poupée, les fillettes se mettent à pleurer.

5. Les pas des hommes font rentrer le renard _____ la terre.

6. Les pas des hommes font rentrer le renard _____ son terrier.

7. Le renard se rappellera le petit prince _____ des champs de blé.

8. Il s'est assis d'abord _____ du petit prince, puis _____ de lui.

9. Il veut se faire un ami _____ le chagrin qu'il aura plus tard.

10. Le renard est tout à fait _____ l'élevage des poules, mais il est _____ les fusils.

11. Les gens ne se comprennent pas _____ des mots.

12. Le renard n'aurait pas de vacances _____ les rites des chasseurs.

13. Il pleurera_____ du départ du petit prince.

14. Les pas de son ami attireront le renard _____ sa demeure.

15. _____ leurs voyages, les gens ne trouvent pas ce qu'ils cherchent.

III GRAMMAIRE – PRONOMS PERSONNELS TONIQUES

(Employés après une préposition)

Exemples: Il sera sans ma compagnie. = Il sera sans moi.
   Vous allez devant vos amis. = Vous allez devant eux.

1. Il marche vers son amie.   = _____

2. Il part sans son ami.   = _____

3. Tu pleures à cause de tes parents.   = _____

4. Restez ici sans ma présence.   = _____

5. Partez sans notre compagnie.   = _____

6. Serez-vous à côté de ces personnes?   = _____

7. Je préfère être près de ces gens.   = _____

8. Il le fait pour mon plaisir.   = _____

9. Tu pleures malgré ta volonté.   = _____

10. Je suis d'accord avec ces gens.   = _____

IV VERBE – SUIVRE

Employez la forme convenable.

1. Depuis quand _____ -vous ce cours de français?

2. Je le _____ depuis deux mois.

3. Je lis un conte merveilleux en _____ ce cours.

4. _____ -vous un cours de littérature l'année prochaine?

5. J'en _____ un si je lisais le français couramment.

6. L'année dernière, nous _____ aussi un cours d'espagnol.

7. Auparavant nous _____ un cours de latin.

8. L'aiguilleur donna le signal et le rapide _____ le train précédent.

9. Ils _____ la bonne route s'ils reçoivent les renseignements.

10. C'est la ligne de conduite que j'_____ moi-même si j'avais été à sa place.

V EXPRESSIONS IDIOMATIQUES AVEC SUITE

les suites (les conséquences)	On est toujours responsable des suites de ses actions.
ensuite (après cela)	On avale une pilule, ensuite on n'a plus soif.
de suite (sans interruption)	Après avoir gagné six matchs de suite, le joueur est devenu champion.
donner suite à (poursuivre une action)	Donnez-vous suite à ce projet? Non, je l'abandonne.
par la suite (plus tard)	Elle a vécu à la campagne, par la suite elle est venue habiter en ville.
sans suite (sans ordre)	Ses idées sont excellentes, mais il les présente sans suite.
tout de suite (sans attendre)	Je partirai avec vous si vous vous en allez tout de suite.
avoir de la suite dans les idées (être persévérant)	Il n'a pas changé d'avis, il a de la suite dans les idées.

Complétez les phrases suivantes par les expressions précédentes.

1. Cet homme voulait acheter une vigne, mais il n'a pas _____ à son projet.

2. Le conférencier a parlé trois heures _____ .

3. L'aiguilleur trie les voyageurs, _____ il expédie les trains.

4. Les hommes veulent se faire des amis immédiatement, c'est à dire _____ .

5. Le renard et l'enfant se sont regardés; _____ il sont devenus amis.

6. Cette guerre a eu _____ désastreuses pour les deux pays.

7. Cet homme a voulu être médecin, puis journaliste, il n'a pas _____ .

8. C'était une discussion mal organisée, les arguments venaient _____ .

VI QUESTIONS

1. Quel est le travail de l'aiguilleur?

_____

_____

2. Pourquoi les hommes voyagent-ils?

_____

_____

3. Regardent-ils le paysage quand ils voyagent?

_____

_____

4. Pourquoi l'aiguilleur dit-il que les enfants ont de la chance?

_____

_____

5. Quelle sorte de pilule le marchand vend-il?

_____

_____

6. Que ferait le petit prince avec l'économie de temps dont parle le marchand?

_____

_____

Chapitre 24

I VOCABULAIRE

Transformez les phrases suivantes en remplaçant les expressions en caractères gras par des synonymes.

1. L'aviateur était **ému** à cause de la fidélité de l'amour du petit prince.

_____

2. Malgré leur **fatigue**, ils se sont mis **en route**.

_____

3. Un trésor avait été **enterré** dans le jardin de sa maison.

_____

4. Les étoiles **brillaient** et **rendaient beau** le désert.

_____

5. Dans le désert, il y a peu de **trous d'eau dans le sol**.

_____

6. Le petit prince avait les yeux **fermés** et les lèvres **à demi-ouvertes**.

_____

7. L'aviateur **est d'accord** avec le renard.

_____

8. Le narrateur était **las**, il avait soif et il avait **une élévation de température**.

_____

9. Il s'est assis sur **une dune** pour admirer le désert.

_____

10. Une **partie des** cheveux du petit prince tombait sur son front.

_____

II GRAMMAIRE – ADJECTIFS ET PRONOMS INDÉFINIS

A. *Adjectifs indéfinis*

quelque, chaque, autre, certain, tout, plusieurs, nul, aucun

1. _____ les voyageurs s'entassaient dans les trains.

2. _____ passager n'était resté sur le quai de la gare.

3. Presque _____ les enfants dormaient.

4. _____ personnes avaient habité la maison ancienne.

5. Mais _____ habitant n'avait trouvé le trésor.

6. _____ fillettes jouaient avec leur poupée.

7. Il ne veut pas de roses, il désire d'_____ fleurs.

8. Le soir, _____ étoile commençait de rayonner.

B. *Pronoms indéfinis*

Sujet   *Sujet et complément*

on   **un autre, quelque chose, rien, tout, quelqu'un, chacun, personne, plusieurs, certains, tout, aucun, nul**

1. A son arrivée sur la terre, le petit prince ne vit _____.

2. Pourtant, il aperçut _____ remuer sur le sable.

3. Le serpent lui dit qu'_____ peut être seul avec les hommes.

4. Des hommes? La fleur du désert en a vu _____ .

5. _____ n'est parvenu à faire l'ascension de cette montagne.

6. Beaucoup de volcans étaient éteints, mais _____ étaient en activité.

7. Le renard et le petit prince s'assirent ensemble. _____ avait besoin d'un ami.

8. _____ pensent qu'on est parfois seul, _____ disent qu'on est toujours seul.

9. _____ ne voit souvent que l'écorce des gens.

10. Désirez-vous _____ à boire? Non, merci, je ne désire _____ .

11. Dans le désert, _____ est silencieux.

12. Non, Jean n'a pas parlé. C'est _____ qui a répondu.

III   VERBES – METTRE ET SE METTRE

Employez les formes convenables.

A. Mettre

1. _____ ton manteau avant de te plaindre du froid.

2. Le petit prince _____ la fleur sous un globe et était parti.

3. Je _____ le moteur en route quand vous serez prêts à partir.

4. Vous pouvez _____ votre imperméable; il pleut.

5. Tu _____ des fleurs dans un vase si j'allais les cueillir.

6. Nous _____ le professeur en colère quand nous oublions les accents.

7. Si elle avait eu peur des courants d'air, il _____ un paravent.

8. Quand _____-vous fin à vos malentendus?

9. En _____ son nez contre la vitre, il s'est fait mal.

10. La serveuse _____ la table et nous apporta le menu.

B. Se mettre

1. Il _____ en marche quand le jour paraîtra.

2. Le petit prince et le renard s'assirent et _____ à causer.

3. Il ne faut pas être las pour _____ en route.

4. Pendant les dernières vacances, nous _____ à table à midi.

5. _____ à ton travail!

6. En _____ en colère, il a cassé la lampe.

7. Si l'orage arrive, nous _____ à l'abri dans cette maison.

8. Je _____ à la grammaire si vous faisiez de même.

9. Elle _____aux mathématiques si elle avait eu un bon professeur.

10. Lorsque tous les invités seront arrivés nous _____ à table.

IV NOMS ET VERBES DÉRIVÉS DE METTRE

Complétez les colonnes.

Noms	Verbes	Noms	Verbes
la mise	mettre	une omission	_____
une admission	_____	une promesse	_____
un compromis	_____	une remise	_____
la démission	_____	la soumission	_____
la permission	_____	la transmission	_____
une émission	_____	une commission	_____

V QUESTIONS

1. Au commencement de ce chapitre, depuis combien de temps l'aviateur était-il dans le désert?

_____

_____

2. Quels étaient ses deux grands problèmes?

_____

_____

3. Que suggère le petit prince?

_____

_____

4. Décrivez le moment quand ils se mettent en marche.

_____

_____

5. Selon le petit prince, pourquoi les étoiles sont-elles belles?

_____

_____

6. Pourquoi le désert est-il beau?

_____

_____

7. Qu'est-ce qui faisait la beauté de la maison d'enfance du narrateur?

_____

_____

8. Que fit l'aviateur quand le petit prince fut las?

_____

_____

9. Décrivez le petit prince endormi.

_____

_____

10. Quel est le rayonnement secret du petit prince?

_____

_____

Chapitre 25

I VOCABULAIRE

Transformez les phrases suivantes en remplaçant les expressions en caractères gras par des synonymes.

1. **Faites un trou** plus profond pour planter cet arbre.

_____

2. Il y avait même **un seau** attaché à la corde du puits.

_____

3. L'aviateur **monta** le seau sur **le bord du puits.**

_____

4. Il a placé le seau **en équilibre.**

_____

5. La poulie fit entendre **une plainte.**

_____

6. Les hommes **s'entassent** dans les trains pour aller nulle part.

_____

7. **Il était triste** en donnant son ébauche au petit prince.

_____

8. Cette eau si douce était bien plus qu'**une nourriture.**

_____

9. Avec cette lumière violente devant moi, je **ne peux rien voir.**

_____

II GRAMMAIRE – PRONOMS RELATIFS CE QUI, QUI, CE QUE, QUE, CE DONT, DONT

Exemples: Elle avait une voix **qui** lui faisait plaisir.
Elle avait **ce qui** lui faisait plaisir.

Voici le cadeau **que** je lui offrirai.
Voici **ce que** je lui offrirai.

Je vous montrerai les esquisses **dont** il est fier.
Je vous montrerai **ce dont** il est fier.

1. Les hommes cherchent loin le bonheur _____ ils ont à côté d'eux.

2. Ils ont découvert _____ ils avaient cherché.

3. L'eau, _____ apaisait la soif, était douce au coeur.

4. Personne ne savait _____ enchantait la maison.

5. La beauté _____ elle se vantait, rendait la rose difficile.

6. Le petit prince savait bien_____ elle se vantait.

7. Ce sont les rites _____ donnent aux jours leur aspect particulier.

8. C'est _____ on ne voit pas qui est le plus important.

9. J'ai enfin retrouvé la clef_____ j'avais perdue.

10. Je n'ai pas entendu _____ ils parlaient.

11. Quelles sont les chansons _____ tu te souviens?

12. Je ne peux deviner _____ tu te souviens.

13. Vous n'avez pas oublié _____ vous avez appris.

14. Vous ne savez pas _____ vous parlez.

15. Quels sont les romans _____ vous préférez?

16. Vous ne me dites pas _____ l'embarrasse.

17. Voici le dictionnaire _____ vous aurez besoin.

18. _____ me charme dans cette histoire, c'est sa poésie.

19. _____ je veux, c'est lire d'autres romans de cet auteur.

20. _____ j'ai envie, c'est d'aller à la campagne.

III VERBE – BOIRE

Employez la forme convenable.

1. _____ -vous votre café noir ou avec de la crème?

2. Je le _____ toujours noir et sans sucre.

3. En_____ ce thé, nous avons apaisé notre soif.

4. Si j'avais eu soif, j'_____ ce mauvais café.

5. Ne _____ pas cette eau, elle t'empoisonnerait.

6. Le buveur avait honte de _____ et _____ pour oublier sa honte.

7. L'aviateur souleva le seau et le petit prince _____ .

8. Comme je lui faisais des compliments, elle _____ mes paroles.

9. Chantons et _____ à sa santé!

10. Nous _____ quand vous aurez servi le champagne.

11. Elle _____ un verre, et déjà la tête lui tourne.

12. Mais lui, il _____ comme un trou sans que la tête lui tourne.

IV FAMILLE DU MOT BOIRE

une boisson, un breuvage (ce qu'on boit)

s'abreuver (boire, pour un animal)

(être) pris de boisson (avoir trop bu)

un buveur (un homme en train de boire, ou qui boit trop)

une buvette (un petit café)

buvable (qu'on peut boire) ≠ imbuvable

un biberon (petite bouteille pour les bébés)

un déboire (une déception)

un pourboire (une petite somme d'argent supplémentaire qui récompense un service)

Ecrivez le mot convenable.

1. Ce café est tellement fort qu'il est _____ .

2. Toutes les gares ont des _____ où l'on peut manger et boire.

3. Quelle est donc la meilleure des _____ ? C'est l'eau.

4. Les fauves viennent _____ le matin et le soir.

5. Vous avez oublié de laisser un _____ au garçon de café.

6. Quand un jeune animal perd sa mère, il faut l'élever au _____ .

7. Malgré tous ses _____ , cet homme a gardé sa bonne humeur.

8. C'est un buveur, mais on ne le voit jamais _____ .

9. Cette eau n'est pas très claire, mais elle est _____ .

V QUESTIONS

1. Décrivez un puits saharien.

_____

_____

2. Décrivez le puits trouvé par le narrateur et le petit prince.

_____

_____

3. Qu'est-ce qu'une girouette?

_____

_____

4. Que fait l'aviateur pour donner à boire au petit prince?

_____

_____

5. Pourquoi l'eau du puits semble-t-elle si bonne?

_____

_____

6. Qu'est-ce qui rendait précieux le cadeau de Noël que recevait l'aviateur quand il était enfant?

_____

_____

7. Comment faut-il chercher ce que l'on désire?

_____

_____

8. Après avoir bu, que demande le petit prince à l'aviateur?

_____

_____

9. Pourquoi le petit prince n'admire-t-il par les dessins du narrateur?

_____

_____

10. Depuis combien de temps le petit prince est-il sur la terre?

_____

_____

11. Quand nous rougissons, qu'est-ce que cela veut dire?

_____

_____

12. Pendant cette conversation, pourquoi le narrateur éprouve-t-il du chagrin?

_____

_____

Chapitre 26

I VOCABULAIRE

Transformez les phrases suivantes en remplaçant les expressions en caractères gras par des synonymes.

1. L'aviateur **s'arrêta** brusquement et **sauta** en voyant le serpent.

_____

2. Il **chercha** dans sa poche et sortit son révolver.

_____

3. Le serpent, sans hâte, **se glissa adroitement** au bas du mur.

_____

4. L'aviateur a désserré son cache-nez.

_____

5. Il a **mis de l'eau sur** le visage du petit prince.

_____

6. L'aviateur a **fait descendre** son regard et a vu le serpent.

_____

7. Le petit prince avait l'air de **glisser** dans **un précipice**.

_____

8. Il a **pris le pas de course** pour s'éloigner du serpent.

_____

9. Ce chien porte une muselière pour l'empêcher de **mordre**.

_____

10. Pendant la nuit, le petit prince **s'est échappé** silencieusement.

_____

11. L'eau du torrent était **très froide** et délicieuse à boire.

_____

II GRAMMAIRE – PHRASES À DEUX PRONOMS PERSONNELS COMPLÉMENTS

Remplacez les expressions en caractères gras par des pronoms (personnels ou adverbiaux).

Exemples: Il voit **les traces** sur le sable.   Il **les** voit sur le sable.
Il voit les traces **sur le sable**.   Il **y** voit les traces.
Il voit **les traces sur le sable**.   Il **les y** voit.

1. Il parle **du serpent** aux lecteurs. _____

2. Il parle du serpent **aux lecteurs**. _____

3. Il parle **du serpent aux lecteurs**. _____

4. Elle donne le globe **à la rose**. _____

5. Elle donne **le globe** à la rose. _____

6. Elle donne **le globe à la rose**. _____

7. Il sort son révolver **de sa poche**. _____

8. Il sort **son révolver de sa poche**. _____

9. Il donne **de l'eau** au petit prince. _____

10. Il donne **de l'eau au petit prince**. _____

11. Nous conseillons du repos **aux malades**. _____

12. Nous conseillons **du repos aux malades**. _____

13. Tu aperçois **les étoiles** dans le ciel. _____

14. Tu aperçois **les étoiles dans le ciel**. _____

15. Il n'emportera pas **son corps** chez lui. _____

16. Il n'emportera pas **son corps chez lui**. _____

17. Il parle **des étoiles à l'auteur**. _____

18. Il parle **des étoiles aux lecteurs**. _____

19. Il montre **ses dessins à l'aviateur**. _____

20. Il montre **ses dessins aux lecteurs**. _____

21. Il fait cadeau **des étoiles à l'aviateur**. _____

III VERBE – RIRE

Employez la forme convenable.

1. Il retournera chez lui et _____ sur sa planète.

2. S'il riait sur sa planète, toutes les étoiles _____ .

3. L'aviateur voudra _____ avec le petit prince.

4. Demain toutes les étoiles _____ avec l'aviateur.

5. Elle trouvait le film si amusant qu'elle en _____ aux larmes.

6. Quand nous allions au cirque, nous _____ toujours des clowns.

7. Je _____ de vos projects si je ne les trouvais pas dangereux.

8. Vous _____ si vous aviez vu mes ridicules efforts.

9. Quand je lui ai demandé de l'argent, il m'_____ au nez.

10. Ne _____ de ses dessins. Les tiens sont pires.

11. Si je vous racontais ma mésaventure, vous_____ .

12. Ils aperçurent les dessins et _____ aux éclats.

IV EXPRESSIONS IDIOMATIQUES AVEC **TOUR**

faire un tour (faire une promenade)

faire le tour de   Le héros de J. Verne a pu faire le tour du monde en 80 jours.

faire demi-tour (retourner sur ses pas)

donner un tour de clé (fermer la porte et tourner la clé)

jouer un tour, jouer un bon tour, jouer un mauvais tour   Il a joué un tour à cette personne et elle ne lui
  pardonne pas.

à tour de rôle, chacun à son tour (l'un après l'autre)

tour à tour (alternativement)

Complétez les phrases suivantes par les expressions ci-dessus.

1. Ne répondez pas tous ensemble. Je veux que chacun réponde _____ .

2. Le roi n'avait pas de carrosse et il ne pouvait pas _____ de son royaume.

3. Viendrez-vous _____ avec moi dans ma nouvelle auto?

4. Oui, mais attendez quelques minutes, je ne peux pas partir sans _____ .

5. Il a dû _____ car l'ascension de la montagne était trop dure.

6. _____ , la rose se vantait et se plaignait.

7. Les gens croient que le narrateur est fou quand il rit aux étoiles. Le petit prince a réussi à lui

_____ .

V QUESTIONS

1. Où était le petit prince le lendemain matin?

_____

_____

2. Pour quand et pour quel endroit prenait-il un rendez-vous?

_____

_____

3. Qu'a-t-il demandé au serpent?

_____

_____

4. Qu'a voulu faire le narrateur quand il a vu le serpent?

_____

_____

5. Que fit-il pour rassurer et aider le petit prince?

_____

_____

6. Quelle nouvelle l'auteur voulait-il annoncer au petit prince?

_____

_____

7. Qu'emportera le petit prince en revenant chez lui?

_____

_____

8. Comment toutes les étoiles seront-elles des amies pour l'aviateur?

_____

_____

9. Que représentent les étoiles pour différentes personnes?

_____

_____

10. Quel genre d'étoiles aura le narrateur?

_____

_____

11. Quel mauvais tour le petit prince aura joué à l'aviateur?

_____

_____

12. Et pour vous, que représentent les étoiles?

_____

_____

13. Pourquoi le petit prince ne veut-il pas que le narrateur l'accompagne la nuit suivante?

_____

_____

14. Le serpent serait-il dangereux pour l'aviateur?

_____

_____

15. Qu'est-ce que le petit prince laissera sur la terre? Pourquoi?

_____

_____

16. Pourquoi l'aviateur se taisait-il?

_____

_____

17. Quel est celui qui essaie de consoler l'autre?

_____

_____

18. Quelle est la dernière pensée du petit prince avant la morsure du serpent?

_____

_____

VI DICTÉE

Chapitre 27

I GRAMMAIRE – L'IMPÉRATIF ET DEUX PRONOMS PERSONNELS COMPLÉMENTS

Mettez la phrase à l'impératif négatif en remplaçant les expressions soulignées par des pronoms personnels. Puis mettez la phrase à l'impératif affirmatif.

Exemples: Vous dites **la vérité à vos amis.**   Ne la leur dites pas.
Dites-la leur.

Vous versez **du vin à votre compagnon.**   Ne lui en versez pas.
Versez-lui en.

1. Vous donnez **des nouvelles à l'auteur.** _____

_____

2. Vous écrivez **la lettre à l'auteur.** _____

_____

3. Tu parles **des étoiles aux savants.** _____

_____

4. Vous nous dites **l'heure.** _____

_____

5. Vous vous rappelez **le renard.** _____

_____

6. Vous écrivez **des lettres à vos correspondants.** _____

_____

7. Vous emmenez **ces jeunes filles** au bal. _____

_____

8. Tu présentes **tes photos dans le salon.** _____

_____

9. Tu montres **ton dessin à un ami.** _____

_____

II VERBE – MOURIR

Employez la forme convenable.

1. Le petit prince aura l'air de _____ .

2. La rose _____ de honte si elle voyait les milliers de roses.

3. Le petit prince _____ s'il était resté sur la planète du buveur.

4. Nous sommes tous éphémères puisque nous _____ tous un jour.

5. Les fleurs à trois pétales apparaissaient le matin et _____ le soir.

6. Le petit prince et l'aviateur marchèrent longtemps dans le désert et _____ presque de soif.

7. Lorsque le soleil _____ , le petit prince avait le cœur serré.

8. L'allumeur de réverbère faisait naître et _____ les étoiles.

9. Bien des gens _____ de peur quand ils voient un serpent.

10. Le narrateur a cru que le petit prince _____ .

III EXPRESSIONS IDIOMATIQUES AVEC PEINE

avoir de la peine à (trouver difficile)
se donner de la peine (faire beaucoup d'efforts)
perdre sa peine (faire des efforts sans obtenir de résultat)
avec peine (avec effort)
sans peine (facilement)
à peine (presque pas)
ce n'est pas la peine (ce n'est pas nécessaire)
Prenez la peine de . . . Je vous prie de . . . (formules de politesse)
avoir de la peine (être triste)

Complétez les phrases suivantes par les expressions ci-dessus.

1. Puis-je faire cette course pour vous? Non, merci, _____ .

2. L'aviateur avait _____ de l'eau pour une semaine.

3. Avez-vous du mal à lire mon écriture? Non, je la lis _____ .

4. Parviendrez-vous à finir ce travail? Peut-être, mais _____ _____ .

5. Ne restez pas à la porte, _____ d'entrer.

6. Le narrateur a dû _____ en voyant mourir le petit prince.

7. Le professeur a dû _____ en la conseillant. Elle n'écoutait pas.

IV QUESTIONS

1. Comment l'aviateur a-t-il paru à ses camarades?

_____

_____

2. Pourquoi est-il sûr que le petit prince est reparti sur sa planète?

_____

_____

3. Le petit prince aura-t-il pu mettre la muselière à son mouton?

_____

_____

4. Quelle est maintenant l'inquiétude du narrateur?

_____

_____

5. Quelle impression ressentez-vous en regardant le dernier dessin? Décrivez-le.

_____

_____

6. Quel est l'appel du narrateur à celui qui voyagerait dans le Sahara?

_____

_____

Choix de compositions

1. Vous voyagez un jour en Afrique et vous répondez à l'appel du narrateur.

2. Racontez brièvement l'histoire du petit prince en commençant comme un conte de fées: "Il était une fois . . ."

3. Le petit prince, revenu dans sa planète, écrit à l'aviateur.

4. Montrez l'importance des contacts humains et de l'amitié dans *le Petit Prince* (avec citations).

5. Qu'est-ce qui donne de la valeur et du rayonnement aux choses?

6. Pourquoi le monde de l'enfance paraît-il plus vrai et plus beau que celui des adultes?

7. *Le Petit Prince* est le récit d'un mythe, c'est pourquoi chacun y retrouve un peu de soi.

8. Etudiez les principaux symboles au point de vue psychologique: les voyages, les baobabs, la rose, les autres planètes, la fontaine, le serpent.[1]

---

[1] Pour ceux qui s'intéressent à la psychanalyse littéraire: Marie-Louise von Franz, *The Problem of the Puer Aeternus,* New York Spring Publications, 1970. Écrire à: Spring Publications, Postfach 190, 8024 Zurich, Switzerland.